ここだけ押さえる!

会社法のきほん

第2版

監修 神田秀樹
学習院大学教授

ナツメ社

はじめに

「会社法」は平成18年5月1日に施行された新しい法律です。そして、平成26年と令和元年に改正が行われました。

会社法と聞くと、会社で働く人たちのことを定めた法律だと考えがちですね。しかし、働く人たちのことを定めているのは「労働法」で会社法ではありません。

では、会社法はなにを定めているのでしょう？　それは、働く私たちにとって必要なことなのでしょうか？　会社法は1000条にも及ぶ大法典で、条文を読むだけではわかりにくいものです。しかも、働くうえで必要がないのなら…。

いえいえ、会社法は会社で働くすべての人たちにとって、学んでおいて損のない法律です。知っておくことで、よりビジネスの知識を深めることができるのです。例えば、新たな事業に進出しようとしても「定款」に記載がなければその会社では事業展開ができないことなど、知らないでは済まされないこともあります。

本書は、会社法を理解したいと思っている学習者をはじめ、新入社員や会社の法務部門の人、そして企業の経営に携わる人など、会社法

を必要とするすべての方々のために、なるべく法律用語を少なくして、
わかりやすく解説しています。
会社法の理解のお役に立てれば幸いです。

神田秀樹

登場人物

神田秀樹 先生
「会社法」の第一人者といわれる学習院大学法科大学院教授。今回、難解な会社法を丁寧に教えてくれる

はると
総務部所属、入社3年目。新規事業を担当することになり会社法の知識が必要となった

あおい
はるとの先輩。はるとととともに新規事業を担当。大学時代に会社法を学んだ経験あり

会社法のきほん

はるとクン
お疲れさま！
しっかり
仕事してる？
ポン！
あたふた
あたふた
どうしたの？
あおい先輩……
さっき、部長に
いわれたん
ですけど、
うちの会社が…
会社がぁ
な…
なんか
あったの？
新規事業をするから
新しい
関連会社を作るとか
吸収合併とか
会社分割とか…
合併
分割
M&A
まったく
わからなくて…
で
部長になんて
いわれたの？
あわわ

あおい先輩とボクも新規プロジェクトのメンバーになって…
なんでそれを最初にいわないの！
すみません
それで、会社設立とかそんなのを手伝えといわれたんです
「会社法」が重要なポイントになるわね
かいしゃほう？
はて
法学部でしょ
もう、大学で勉強しなかった？
…
私もあんまりまじめに授業を受けなかったし…
じゃ、会社法について先生にもう一度教えてもらわないと！
ついてきて！
○○大学

あ!!
神田先生！ごぶさたしています！
先生って怖い人…!?
ビクビク
おや、あおい君じゃないか
ニコニコー
きょうは会社法についてもう一度復習したくておうかがいしました
ホッ
実は私たちの会社が……
かくかくしかじか
ほうほう
そうですか
それならきちんと会社法の内容を理解しておくことが大切ですね
先生！お願いします！ボクを一人前の会社人にしてください！
まあまあ

会社人という言葉はどうかと思うけど、会社法はなにもするときだけに会社を作ったり必要なものじゃないんです
???
会社法はその名のとおり会社のための法律です
つまり、すべてのビジネスマンが内容を知っておく必要があるともいえるのです
私たちもビジネスマンだった…
BUSINESS MAN
それではこれから会社法をやさしく解説していきます
会社法がわかれば会社のこともこれまで以上にわかるようになりますこれからのビジネスにも役に立つと思いますよ！
GO―!!
よろしくお願いします！

目次

第2章

会社を作るってどういうこと？

第3章

会社を構成する「機関」ってなに？

第4章 会社のお金って、どうなってるの？

第5章 会社のかたちが変わるって、どういうこと？

第6章 これからの会社法

※本書中の「法○○条」は「会社法○○条」、「規則△△条」は「会社法施行規則△△条」、「計算□□条」は「会社計算規則□□条」をあらわしています

第1章

そもそも「会社」ってなに？

そもそも「会社」ってなに？

そういえば、そもそも「会社」ってなんなんだろう？
そういわれるとなんて答えたらいいかわからなくなるわね
会社とは、会社法により設立された営利を目的とした法人です
おわっ!!
先生!?
ザザッ
ほうじん？
邦人？
法の人と書いて法人よ
法の人？
六法全書

最初は わかりにくいかも しれませんね
会社も人間と同じように 活動するので 法律上「人」と同じように 扱われることがあるのです
それを規定しているのが 会社法というわけですね
グッ
そのとおり
会社法は 会社の設立のしかたはもちろん 株式について 機関について それからそれから……
ペラ ペラ
ぐるぐる
っていうのは これからじっくり ていねいに解説して いきましょう
プシュー
しおしおー
それではまず 会社の目的、種類、 名前の付け方などを 順を追って説明して いきます
シュコシュコ
お願いしまーす

01

「会社」ってなんのこと？

会社とは、営利目的で、継続的・計画的に事業を行う法人のこと

会社は営利を目的にする「人」？

「会社」は私たちが生活するうえで、とてもなじみ深い存在です。「株式会社」といったくくりや、「会社員」などの言葉に接しない日はないといえるほどでしょう。しかしよくよく考えてみると、会社とはそもそもなんなのか悩みます。

会社とは、「営利を業とすることを目的に設立された社団法人」のことです。ちょっとむずかしいので、かみ砕いて説明しましょう。

まず、**「営利」**とはお金儲けのことですが、それだけではなく、儲かったお金を構成員で山分けするところまで含みます。

「業とする」とは、継続的に、といったような意味合いです。

「社団」とは、人が集まってできた団体です。ここでいう人とは会社を作るために出資をした人のことを指します。

最後に**「法人」**とは、実際の「人（＝自然人）」ではありませんが、法律が特別に人と同じ資格**「法人格」**を与えた存在のことです。法人格があれば権利や義務の主体となることができます。この「権利や義務の主体」になれば、例えば土地の持ち主となったり、借金をしたりすることができるようになるのです。

現代社会に不可欠な制度

つまり、会社とは「継続的にお金を儲けて、みんなで山分けをするために人が集まって作った団体」で、「権利や義務の主体になれるもの」ということになります。

1人で商売をするより、たくさんの人がお金を出し合って商売をしたほうが効率的にお金を儲けることができますね。会社の制度は、人々が集団となって暮らす現代社会において、必要不可欠な制度といえます。

ポイント

法律でいう「会社」の定義を理解しよう

会社は法律で特別に「人格」を与えられた集団です。人と同じように、物品を購入するなどの取引や契約ができます

「会社」とはどういうもの？

会社とは…

営利を（①）業とする（②）ことを目的に設立された社団（③）法人（④）

①
営利 ＝ お金儲け ＋ 儲かったお金をみんなで分配すること

②
業とする ＝ 継続的・計画的に行う

③
社団 ＝ 人が集まって作った団体
▶▶ここでいう「人」＝商売の元手を出す人（出資者）

※実際には１人でも会社は設立できる

④
法人 ＝ 「人」ではないが、法律上特別に人と同じ権利（法人格）を与えられた存在
▶▶不動産を所有したり、借金をしたりすることができる

会社が「人」として扱われることもあるんですね

「会社法」を学ぶ前に、まず「会社」とはなにかをきちんと理解しておきましょう

One Point

会社法上の会社

会社には「株式会社」と「持分会社」の2つの「類型」があり、持分会社には「合名会社」「合資会社」「合同会社」の3つの種類がある。株式会社は、類型であると同時に種類でもある（法2条）

会社の能力の制限

法人は自然人（人間）と比べると、次の3つの制限がある。①生命や親族などの権利義務の主体となれない、②法律上の制限、③会社の目的以外では行動できない

02 「目的」がなければ会社じゃない

会社は目的をきちんと定めて、その目的以外のためには存在できない

会社は目的の範囲内で存在できる

会社を作るときには、必ず**「目的」**を定めることとされています。

会社の目的は、広くいえばすべてが**「営利」**のためのはず。しかし、会社の法人格は一定の目的のために法律上特別に認められたものです。

したがって、「お金儲けのためならなにをしてもかまわない」というわけにはいかず、「具体的にどのような事業をして、お金儲けをするのか」ということを定めなければいけません。言い換えれば、会社がどのようなビジネスを行っていくかを決める、ということです。これを会社の「目的」といいます。

会社は定められた目的の範囲内でのみ、法人格が与えられています。反対に、目的の範囲外の事柄については、権利義務の主体になれないということになっています。例えば、建設業が目的の会社は、タクシー営業の免許は取れず、タクシー用の車の持ち主にもなれません。

目的の範囲は限定されない

ただし、この目的の範囲は、裁判などでは広めに解釈されています。

本来の目的そのものではなくても、それを助けるような行動であれば目的の範囲内とされるケースがあります。目的を達成するための手段も認められているということです。

有名な裁判で、製鉄業を営む会社が政治献金を行うのも目的の範囲内とされたものがあります。

また、会社の目的は1つに限定する必要はありません。本来の目的の周辺業務まで、目的のなかに含めることもできるのです。

多くの会社は、本業とは関係なくても、今後ビジネスをはじめる可能性がある事柄を「目的」として、それらを定めています。

ポイント

会社は目的を定めないと存在できません

会社が人と同じように契約や取引をするためには法人格が必要なのは述べましたね。その法人格には、目的が必要で、目的以外の業務を行うことはできません

会社には「目的」が必要

会社は「目的」がなければ会社ではないんですね

会社の目的
＝
ビジネスの内容

会社の法人格
＝
目的の範囲内のみで認められている

○○株式会社
目的：建設業

○
- 建設業の許可の取得
- 建設機械の保有
- 建設作業員の雇い入れ
- 資材の買い入れ

など

×
- タクシー業の免許取得
- タクシー用車両の保有

など

ただし…裁判などでは広く解釈されている
例：製鉄会社の政治献金は目的範囲内
多くの会社では本業以外の目的も掲げている

会社の目的は定款（➡P44）で定めます

One Point

目的による制限

取引の安全を確保するという趣旨から、定款にない目的の行為も効力があるとの見解が多い。ただし、目的外の行為は差し止めの対象ともなる

目的の範囲はどこまでOK？

例えば、家電の販売業を目的とする会社が、出版業も目的にしていいのか？　正解は、問題ない。ただし、免許、許可、届出が必要な事業があるので、注意が必要

03 「会社法」は会社のための法律

会社法ができるまでは、いくつかの法律を合わせて便宜的に「会社法」としていた

会社制度のすべてがこの法律に

「会社法」は、会社制度の根幹となる法律です。全部で1000条近くの条文からなる大法典で、会社はこの会社法に従って運営されています。

会社法という法律ができたのは意外にも最近で、平成18（2006）年5月1日に施行されました。それまでは「会社法」という名前の法律はありませんでした。

もちろん、それまでも会社はたくさん存在していましたが、当時は**①商法第2編会社の規定、②株式会社の監査等に関する商法の特例に関する法律（商法特例法）、③有限会社法**――の3つの法律に従って運営されていました。

この3つの法律を指して、通称「会社法」といっていたのです。そのため、施行直前の平成18年頃まで、現在の会社法を「新会社法」などと呼んでいたこともあります。しかし、実際には過去に会社法があり、それを改正したわけではありません。

会社法によって変わったこと

会社法が新しくできたことにより、3つの法律が1つにまとめられました。それに伴って、商法第2編は削除、商法特例法と有限会社法は廃止されました。

商法は明治32（1899）年に制定された古い法律なので、条文はカタカナで書かれており、言い回しも古いものでした。また、度重なる改正で条文にたくさんの枝番がついてしまい、とても読みにくいものでした。

現行の会社法はそれを現代語に直し、枝番も取りのぞかれました。分散して置かれてた規定もまとめられて整理されたのです。さらに急速に変化する経営環境に合わせて内容もブラッシュアップされ、企業価値の向上、経営のグローバル化や規制緩和に対応できるようになりました。

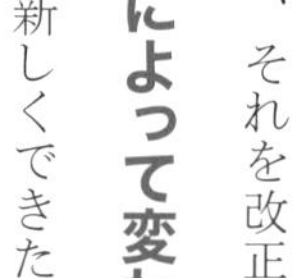

会社のための法律「会社法」

会社のような組織は、かなり以前から存在していましたが、それらを規定する法律はいくつかに分かれていました。それをまとめたのが「会社法」というわけです

会社法は3つの法律をまとめたもの

3つの法律を単にまとめただけでなく、
大幅にバージョンアップしたこともポイントです

商法 第2編「会社」	商法特例法	有限会社法

↓ ↓ ↓

3つの法律をまとめ、さらにバージョンアップ

平成18年5月施行　**会 社 法**

- **急速に変化する経営環境に対応**
  - ・企業価値の向上
  - ・グローバル化への対応
  - ・規制緩和への対応
- **文語、カタカナ表記→現代語訳され見やすく**
- **度重なる改正で増えた枝番を整理**
- **条文を1か所に集約**

会社法は、会社の基本法といわれます。
条文は難解ですので、本書で学習してください

One Point

会社の基本法?

会社法は会社で働く人にとっての基本法ではない。働く人の基本法は「労働基準法」。会社法が定める「株主」に、会社の究極の出発点があることから「会社の基本法」とされる

平成17年に制定された会社法

平成10年頃から商法(現在の会社法の部分)が頻繁に改正され、法制上の整合性が損なわれてきた。「この際、すべてを再考して調整を図るのがいい」との意見が多く、制定にいたった

04 「株式会社」ってなに？

株式会社とは、多くの人々から資金を集めて、大きな事業をするための会社のこと

多くの会社がとる形態

会社法は会社の類型を2つ、種類を4つ定めています。そのなかで最も多くの会社で採用されている種類が**「株式会社」**です。詳しくは後述しますが、**「有限会社」**も現在は株式会社の一種です（特例有限会社⬇P32）。

株式会社は、作るときにその会社にお金を出す人（出資者）を集めます。この出資者を**「株主」**といい、株主の権利のことを**「株式」**といいます。株主の権利という抽象的なものを有価証券に具体化したものが**「株券」**です。

株主はいわば会社の「オーナー」（持ち主）ですが、株主が会社を経営する義務はありません。経営に必要なのは経営者としての能力であり、お金があるかどうかではないからです。

特に大きな会社では一般の出資者が経営することは簡単ではありません。株主はプロの経営者に経営を任せ、自分は「誰に経営を任せるか」などの重要な事項だけを決めるのです。これを**「所有と経営の分離」**といいます。

株式の役割とは

会社を経営するのはプロの経営者であり、会社としてはお金がありさえすればいいのです。つまり、誰がお金を出しているかは関係ありません。

したがって、「その会社に魅力がなくなった」などの理由で株主を辞めたくなったら、株式を他人に売って資金を回収することができます。言い換えれば株主は原則として「株式を自由に譲渡できる」ということです。

さて、会社の経営がうまくいけば株主はその儲けの分配を会社から受けることができます。これを**「配当」**といいます。しかし、経営がうまくいかず会社が倒産してしまえば配当を受けることもできず、会社の株式はパーになります。出資した

株式会社は広く資金を集められるのが特徴

株式会社は人々が資金を出し合って作った会社です。会社法では多くの人から資金を調達できる仕組みが整えられているのです

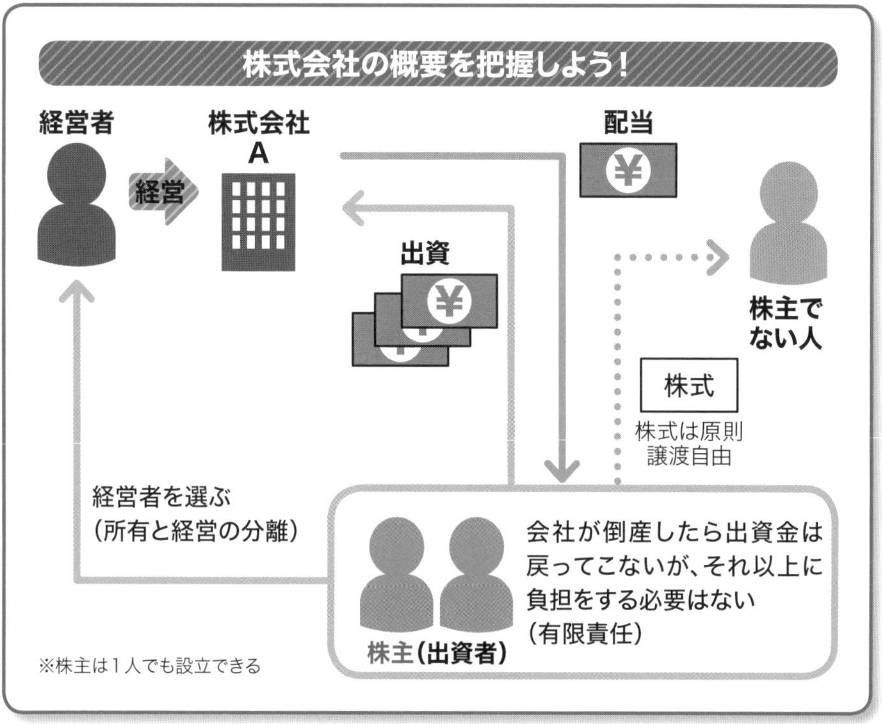
株式会社の概要を把握しよう!
経営者
経営
株式会社A
配当
出資
株主でない人
株式
株式は原則譲渡自由
経営者を選ぶ(所有と経営の分離)
会社が倒産したら出資金は戻ってこないが、それ以上に負担をする必要はない(有限責任)
株主(出資者)
※株主は1人でも設立できる

金額は、戻ってこなくなります。

ただし、たとえ数百億の負債を抱えて出資した会社が倒産したとしても、株主1人ひとりがその返済義務を負うことはありません。出資した金額を失えばそれ以上の責任はないということです。これを**「有限責任」**といいます。

多くの人々からお金を集める仕組み

このような仕組みにより、株式会社は大勢の人から多額の資金を集めやすくなっています。

ただし、実際には株主自らがオーナー社長として経営にあたったり、株式の譲渡が制限されている場合も多くあります。このため、株式会社には様々なバリエーションが用意されていて、小さな会社から大きな会社まで幅広く、実情に即した会社運営ができるようになっているのです。

Memo

出資者

金銭やその他の財産などの資金を会社に供出し、その会社の事業によって生じる利益の所有者になるという概念

One Point

株式の譲渡

原則自由に行えるが、中小企業など多くの会社では譲渡に制限を設けている。このような会社を「株式譲渡制限会社」という

05 「持分会社」ってなに？

持分会社とは、個人的な信頼関係で結ばれたもの同士が作る会社のこと

小さな会社を作るときに適したかたち

株式会社のほかにもう1つ、会社法が用意した会社の種類として**「持分会社」**というものがあります。

株式会社は多額のお金を大勢の人から集めるのに適した形態ですが、それほど大規模ではなく、こぢんまりと仲間内で集まって商売をはじめたい場合もあるでしょう。持分会社はそんな場合に適しています。

持分会社では、オーナーである出資者の権利のことを**「持分」**といい、持分を持っている人を**「社員」**といいます。

ここでいう社員とは働いている従業員ではなく、「出資者」のことです。持分会社では、出資者間の個人的な信頼関係から事業を起こす、という側面が重要視されます。

「社員は自ら会社の経営にあたること」（所有と経営の一致）と定められているため、出資は会社の経営権と直結しているのです。

そのため、無関係の人に経営に口を出されないよう、他のメンバーが同意しない限り持分を別の人に譲り渡すことはできなくなっています。

株式会社と違う「責任」

持分会社の社員には、株式会社と同じように出資の範囲で責任を負う**「有限責任社員」**と、出資額にかかわらず会社の負債全部について責任を負う**「無限責任社員」**の2種類があります。

無限責任社員のみで構成される**「合名会社」**、無限責任社員と有限責任社員が両方いる**「合資会社」**、有限責任社員のみの**「合同会社」**の3種類の類型が設けられています。

いずれも株式会社より設立手続も簡単で、社員相互間の取り決めも柔軟にできるようになっているのが特徴です。

株式会社よりもクローズな会社「持分会社」

株式会社は株式を自由に売買することにより、出資者の地位を譲渡することができますが、持分会社では自由に譲渡できず、他の社員全員の承諾が必要となります

持分会社と株式会社の違いについて把握しよう

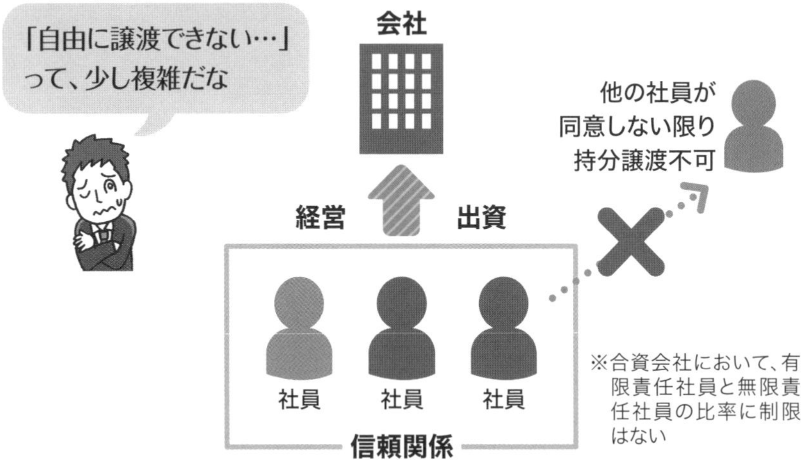

無限責任社員

出資金額にかかわらず会社の負債のすべてに責任を持つ社員

有限責任社員

出資の金額分以上の負担はしない社員

合名会社（ごうめいがいしゃ）	無限責任社員のみで構成される持分会社
合資会社（ごうしがいしゃ）	無限責任社員と有限責任社員の両方がいる持分会社
合同会社（ごうどうがいしゃ）	有限責任社員のみで構成される持分会社

次のセクション以降で持分会社の種類を見ることで、
理解がしやすくなりますよ

One Point

改正前商法と有限会社法

会社法以前は、商法と有限会社法によって、会社は「株式会社」「有限会社」「合名会社」「合資会社」の4種類があった。現在残っている（特例）有限会社は、会社法下で存続している

会社法での持分会社の規定

持分会社の規律はまとめて規定されている（法575条〜675条）。例えば、作ろうとしようとしている会社が合名会社ならこうしなさい…のように記載。そのため、わかりにくいといわれている

06 「合名会社」と「合資会社」

持分会社の形態であるこの2つの種類の違いとは？

無限責任社員が含まれる会社

持分会社の社員（＝出資者）には、無限責任社員と有限責任社員の2つのタイプがあることは前セクションで説明しました。

このうち**無限責任社員**とは、会社の負債を社員個人の財産で返済しなくてはならない義務を持つ社員のことです。会社の保証人になっているようなものともいえます。

これに対し**有限責任社員**とは、株式会社の株主のように、会社の負債を返済する義務は出資した金額に限られる社員のことです。会社が倒産しても、出資した金額をあきらめれば、それ以上に返済を迫られることはありません。

持分会社のうち、社員が全員無限責任社員である会社を**「合名会社」**、無限責任社員と有限責任社員が両方いる会社を**「合資会社」**といいます。

なお、会社の類型は「株式会社」と「持分会社」の2つ、種類は「株式会社」「合名会社」「合資会社」「合同会社」の4つです。

会社設立が簡便な会社

株式会社では有限責任が原則なので、債権者保護のために、会社の財産が流出してしまわないよう、確保することが重要となります。このための仕組みや規制が数多く用意されています。

一方で、合名会社や合資会社には無限責任社員がいるので、いざとなったら会社の借金は無限責任社員が払ってくれます。そのため、会社の財産はそれほど重要視しなくても済むので、会社を作る手続きや運営の仕組みはシンプルです。

合名会社と合資会社の社員は自ら経営にあたりますが、経営権を持つ社員を会社の取り決めである定款（ていかん）（⬇P44）で社員のなかから限定することもできます。2人以上の社員がいるときは、過半数の賛成で物事を決めます。

持分会社の一種の「合名会社」「合資会社」

会社法では会社を2つの類型と4つの種類を規定しています。「合名会社」と「合資会社」は会社の種類で、それぞれ社員の責任が違っています

「合名会社」と「合資会社」の違いをきちんと把握しよう

どっちがどっちだったか混乱するわね

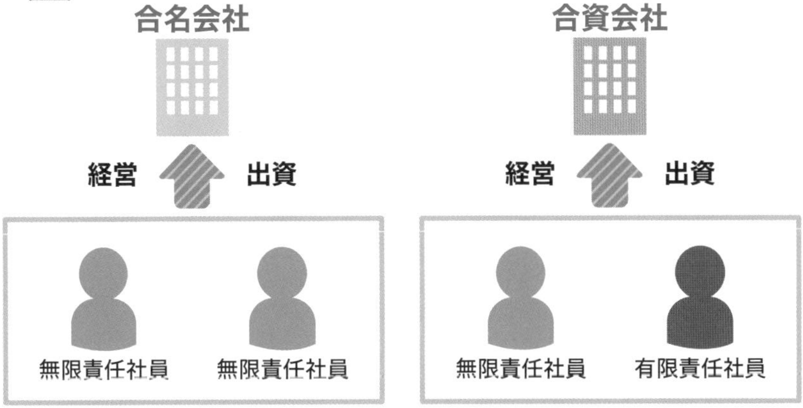

無限責任社員しかいない
＝
合名会社

※無限責任社員１人で設立できる

無限責任社員と有限責任社員両方がいる
＝
合資会社

※設立には無限責任社員と有限責任社員が最低１人ずつ必要

無限責任社員　会社財産が心もとなくても、無限責任社員が個人の財産ですべて責任を持つ

無限責任社員の出資は金銭や現物のほか、信用や労務でも可

無限責任社員だけの場合が「合名会社」で、有限責任社員がいる場合が「合資会社」です

One Point
会社法での合名会社

各社員は会社債務の全責任を負うが、債権者にはまず、会社資産から弁済をしてもらうように求めることができる（法580条1項1号、法605条）

Memo
有限責任社員

無限責任社員と異なり、出資は金銭や現物に限られる。なお、社員が有限責任か無限責任かは、定款に記載し、出資の目的とその価格または評価の基準も必要となる

07 「合同会社」ってなに？

持分会社の1種で、新しい会社の形態。社員全員が有限責任であることが特徴

会社法により誕生した新しい会社

「**合同会社**」は、平成18（2006）年の会社法誕生のときに生まれた新しい会社のかたちです。

持分会社の類型ですが、合名会社・合資会社と違い、合同会社には有限責任社員しかいません。会社の負債について、社員は出資した金額以上に負担する必要はないのです。そのため、他の持分会社に比べると会社の財産を確保するための仕組みや規制が多くなっています。

会社の社員が有限責任社員で占められていることから、持分会社のなかでは比較的株式会社に近い存在といえるでしょう。

株式会社との違いは、社員自らが経営を行うことに加え、所有している持分を別の人に譲るときには他の社員の同意が必要となることなどです。つまり、持分会社としての特徴は持ち合わせているのです。

アメリカのＬＬＣを参考に成立

合同会社は、アメリカの**ＬＬＣ**という制度を日本にも導入するねらいで作られました。

本家ＬＬＣの最大の特徴は**パススルー課税**といって、法人税が課税されず、利益がそのまま出資者個人に分配されたものとして、個人にだけ課税されるという税制上の仕組みにあります。

法人・個人で二重に課税されることがなく、税負担が軽いため、広く利用されている制度です。しかし、残念ながら日本の合同会社は法人税も個人の所得税も課税されることになっているため、このメリットはありません。

パススルー課税を実現するため、「**有限責任事業組合**」（**ＬＬＰ**）という制度も平成17年からスタートしています。会社ではないので法人格がありませんが、異業種の企業や専門家が共同事業を行う場合などに活用されています。

ポイント

新しい会社のかたち「合同会社」

もともとアメリカのLLCを参考に創設されたものです。他の持分会社と同様に、会社の経営について比較的自由に決められることが特徴

合同会社の基本を覚えておこう！

●合同会社とは

会社法で創設された
新しい種類の会社。
日本版LLCとも呼ばれる

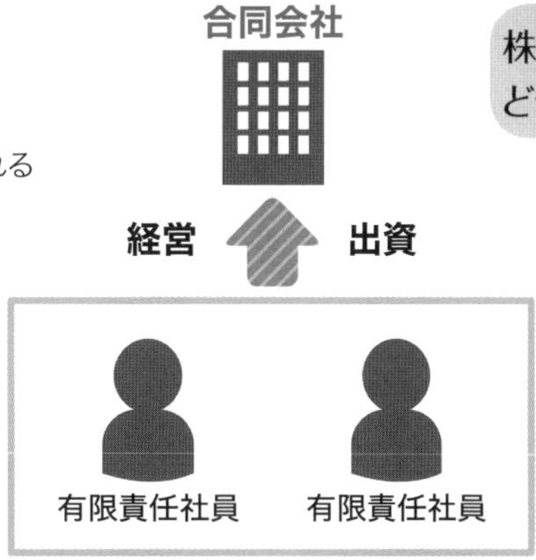
合同会社
経営
出資
有限責任社員
有限責任社員

株式会社と
どう違うのかしら？

有限責任社員しかいない ＝ **合同会社**

※有限責任社員１人で設立できる

●合同会社と株式会社の比較

	合同会社	株式会社
出資者の責任	有限 どちらも、出資分についてのみ責任をもつ	
所有と経営	一致 出資者が経営する	分離 出資者が経営者を選ぶ
経営者の名称	社員、代表社員	取締役、代表取締役等
出資分の譲渡	他の社員の同意が必要	原則自由

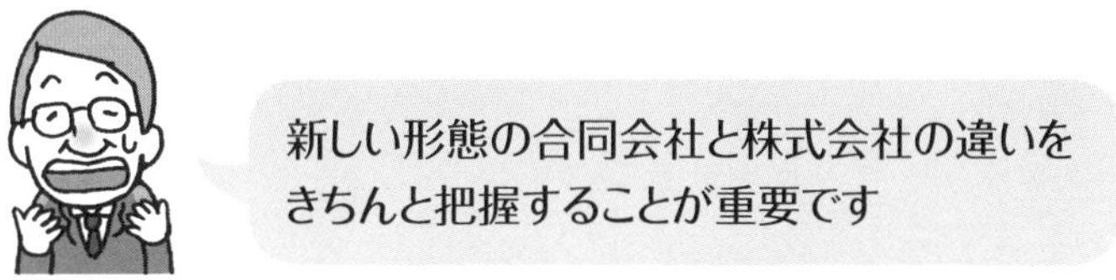
新しい形態の合同会社と株式会社の違いを
きちんと把握することが重要です

Memo

LLC

【Limited Liability Company】有限責任会社。アメリカで制定された法人（コーポレーション）と組合（パートナーシップ）の中間的な存在。州によって制度が違う

有限責任事業組合（LLP）

【Limited Liability Partnership】有限責任事業組合契約に関する法律によって設立できる。共同で事業を行うための組合契約のこと。法人でないので、パススルー課税が可能

08 「有限会社」はなくなったの？

有限会社は会社法下では設立できないが、会社法施行前に存在していた会社は特例有限会社となっている

現在は株式会社の一種

会社法成立以前には、**「有限会社」**という会社の形態がありました。

出資者の有限責任など株式会社と同じような仕組みを備えながら、作るための手続きが簡単でした。また、株式会社よりも少額の資金ではじめられる会社として、比較的小規模の事業を起こすときに多用されていました。

有限会社は、会社法成立時に廃止されて、株式会社に一本化されました。そのため、現在は新しく有限会社を立ち上げることはできません。

その代わり、もともと有限会社が担っていた比較的小規模の事業にも対応できるよう、株式会社の内容に多くのバリエーションが設定され、これまでの有限会社とほぼ変わらないかたちで株式会社が設立できるようになりました。また、合同会社のような新しい形態も登場しています。

特例有限会社として残る

廃止されたとはいっても、社会に多数存在する有限会社が突然なくなってしまったわけではありません。制度上では株式会社となっていますが、いまも変わらず存続しています。

名称も特例でいままでどおり「有限会社」を名乗り続けていいことになっています。このような有限会社を**「特例有限会社」**と呼びます。会社法施行時に特に手続きをしなかった有限会社は、自動的に特例有限会社に移行しています。いまでも有限会社があるのはそのためです。

特例有限会社は特別に簡便な運営が認められているため、取締役会（➡P82）など通常の株式会社のような複雑な仕組みを採用することはできません。

会社法下の株式会社に変更したい場合は、手続きすることで、いつでも通常の株式会社に生まれ変わることができます。

会社法にない「有限会社」が残っている理由

会社法に有限会社という類型はなく、現在はこれを設立することはできません。しかし、施行時に存在した有限会社はいまも特例有限会社として残っています

会社法にない有限会社がいまもある!?

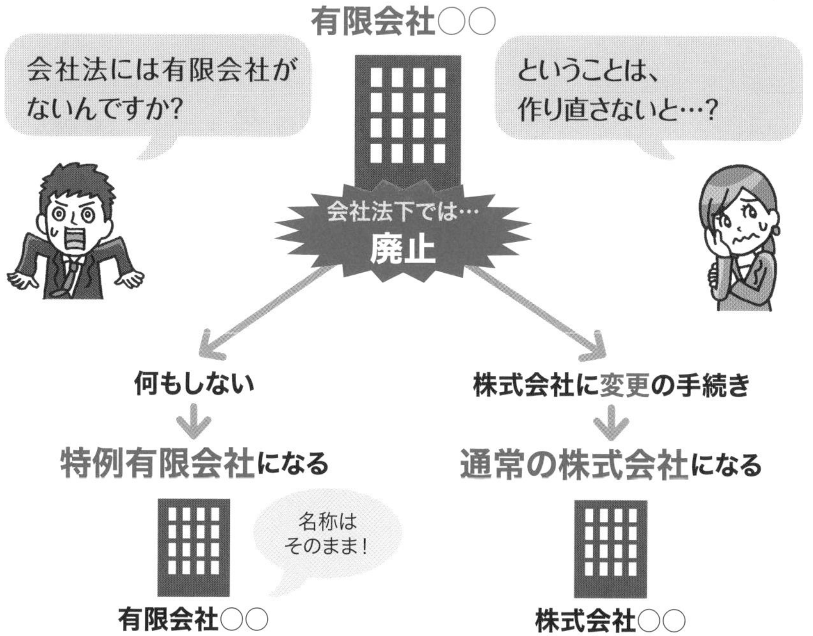
有限会社○○
会社法には有限会社がないんですか?
ということは、作り直さないと…?
会社法下では…
廃止
何もしない
特例有限会社になる
名称はそのまま!
有限会社○○
株式会社に変更の手続き
通常の株式会社になる
株式会社○○

- 法律上は株式会社だが有限会社を名乗れる
- これまでと同じ運営方法で事業を続けられる

- 通常の株式会社となり株式会社特有の経営組織・資金調達方法を導入できる

会社法施行時にあった有限会社は、特例有限会社としていままでどおりの規律で運営することが可能です

Memo

有限会社法

会社法の施行に伴い、有限会社法は廃止され、「会社法の施行に伴う関係法律の整備等に関する法律」に有限会社の取り扱いを定めた。新たに有限会社を設立することはできない

One Point

会社法との調整

有限会社に対し会社法は、旧有限会社法と会社法の緩いほうの規制の適用を受けることを選択することを認めた。ただし、取締役等の任期の最長限度や決算公告などは例外

09 会社には「商号」が必要

会社の名前「商号」は必ず付けなければならず、その規則もある

会社の名前は「商号」

「商号（しょうごう）」とは、会社が営業上で自分を表すために使う名前のことです。他の会社と区別するためにも必ず付けなければなりません。

商号は、長期間使うことで商人の信用を表すこともあり、財産的な価値を持つこともあるでしょう。そのため、会社法では厳格に商号の使用について定めています。例えば、同一の住所に同一の商号の別会社があると混乱するので、そのような名称の会社を作ることはできません。また、不正な目的で、他の会社と誤認されるようなおそれのある名称を使用することも禁止されています。

なお、商号と似たものに**「屋号（やごう）」**がありますが、これは商売上の名前のことで、会社法の規制は受けません。

会社を起こすときには商号を決定し、登記しなければいけません。

商号を付けるときの注意点

会社の名前である商号は、原則として自由に決めることができますが、法律上の制限もいくつかあります。

例えば商号には必ず「株式会社」「合同会社」などといった会社の種類を表す言葉を入れなければなりません。

反対に、会社ではないのに会社を表す言葉を商号に使ったり、株式会社なのに「合名会社」など、他の種類の会社を表す言葉を使ってもいけません。「銀行」など、特別な言葉を使うことも禁止されています。商号に使える文字の種類は、漢字、仮名、アルファベット、アラビア数字などほとんどを使用することができますが、記号については認められていないものもあります。

なお、商号を変えるときには定款変更という厳格な手続きが必要となります。

会社の名称は「商号」という

会社には必ず名称である「商号」が必要です。また、商号の付け方にもルールがあり、それに従わないと会社の登記ができません

会社に必要な「商号」の決め方を覚えよう

「商号」を付けるときのポイントをまとめてみました！

商人が自分を表すために使う名前
会社の場合は、会社の名前がそのまま商号に

原則	自由に決めることができる
制限	●**「株式会社」「合名会社」など、会社の種類を表す言葉を名前の前後に入れる**（歴史があっても「越後屋」などだけではNG） ●**違う種類の会社の名称は使用不可** （「有限会社」なのに「株式会社」と付けたり、法人ではないのに「株式会社」と名乗るのはNG。また、「有限会社株式会社」なども不可） ●**「日本銀行」など、特別な名称は使用不可** （また、「銀行」と付けられるのは銀行法で定められた銀行のみ） ●**同一住所に同一名称は不可** ●**使用可能な文字に制限あり** 次の文字は使用可能 漢字　ひらがな　カタカナ アルファベット（大文字、小文字） アラビア数字や一部の記号 （「&」「'」「,」「－」「.」「・」） ※符号は、文字の区切りとして商号の中間にのみ使用可 ※「.」（ピリオド）が省略を表す場合は末尾に使用可

違反する商号を付けたり、他の会社の事業を侵害する場合には停止を請求できます

One Point

「銀行」「信用金庫」を含む商号

銀行以外で「銀行」などの名称を使えないが、逆に銀行業では必須となる。「○○バンク銀行」などのおかしな商号があるのは、銀行法で規定されているため

文字の制約の変遷

商号に使える文字は時代とともに緩和されてきた。以前は拗音（「ャュョ」など）なども使えなかったため、「キユーピー」や「キヤノン」と登記するしかなかった

COLUMN

979条+4つの政令・省令の巨大法典

会社法の歴史と構造を見てみよう

会社法は、旧商法の52条から500条までの「第二編 会社」と「株式会社の監査等に関する商法の特例に関する法律」(商法特例法)、「有限会社法」の3つを１つにまとめたものです。会社法成立以前は、会社に関する法律が分散していて厄介でした。

また、商法をはじめとした法律はカタカナで書かれているうえに、一部は文語体でたいへん読みにくかったのです。これを一般の人たちにもわかりやすくすることは時代の要請だったといえるでしょう。

実は昭和21年に、「これ以降立案される法律はひらがなの口語体を用いる」と次官会議で決定していました。しかし、商法や刑法、民法などは大きな改正がなかったため、ずっと難解なカタカナの文語体のまま。

これに加えて、明治32年に制定された**商法**では、グローバル化した社会に対応しきれなくなっていました。そこで登場したのが、会社法です。

会社法は全8編、979条で構成されています。第1編は「総則」で1条から24条、第2編は「株式会社」で25条から574条まであります。以降、第3編「持分会社」(575条～675条)、第4編「社債」(676条～742条)、第5編「組織変更、合併、会社分割、株式交換及び株式移転」(743条～816条)、第6編「外国会社」(817条～823条)、第7編「雑則」(824条～959条)、第8編「罰則」(960条～979条)という構造になっています。

さらに規律の明確化や機動的な対応のために、国会を通過しないで制定する政令や省令を定めています(法律の委任に基づいて発令する命令)。

政令・省令は「会社法施行令」「会社法施行規則」「会社計算規則」「電子公告規則」の4つです。

979条に及ぶ法律の条文はもちろん
政令や省令も見ていく必要があります

第 2 章

会社を作るってどういうこと？

会社を作るってどういうこと？

会社にも「憲法」のようなものがあると知っていますか？
ずいっ
社是
ひとつ、わが社はお客さまの満足を第一に考えこれに尽くすこと
ふたつ、日々絶えず努力すること
みっつ、社会への貢献を忘れず利己に走らない
よっつ、互いに協力し高め合うこと
これだー!!
ひとつ、わが社はお客さまの満足を第一に…
ま、まそれも憲法のようなものかもしれませんが、
会社には活動の基本的なルールを定めた定款というものがあります
ようかん？
？
て・い・か・ん
「かん」ってどういう字!?

「款」とは法律文や規約などの条項の箇条書きのこと
こう書くよ
「款」
かん
「定款」は会社を作るときに必ず作成しなければいけない「会社の決まり」のことです
会社の目的や規則を定めてつくるまさに会社にとっての憲法ですね
じゃ、定款をつくれば会社を設立できる…
って設立って？
!?
設立っていっても簡単なものじゃなさそうですね
そう 会社が会社として認められるためには「定款」をはじめいくつかのルールがあります
会社法にはそれが定められているのですね
ルール
OK! 設立の方法をみていきましょう!
GO~!!

01 会社の「設立」とは？

会社が設立の手続きを踏むのには意味がある

会社を作るためには手続きが必要

会社を新たに作ることを**「設立」**といいます。設立をするためには手続きが必要です。

会社は、法律が特別に法人格を認めた存在ですので、その条件をクリアしていることを確認するために、手続きが必要なのです。

特に株式会社や合同会社には有限責任社員しかいないので、会社を運営していくには、財産がきちんと確保されているかどうかが重要な要素となります。

会社の設立手続は、大まかにいって4段階に分かれています。

第1段階は**「定款」**（⬇P44）の作成。定款は会社経営の基本ルールを定めたもので、いわば会社の憲法です。最初にこれを作成しないと会社の存在意義がわかりません。

第2段階では、商売の元手となる会社の財産を集めます（⬇P46）。

第3段階では、でき上がったあとの会社の経営陣を選びます。

最後に第4段階として、登記所と呼ばれる国の役所に、これまでにかたち作った会社の内容を届け出て登録を受ければ（登記）、会社が誕生します。

手続きの方法は2種類ある

株式会社では1つひとつ段階を踏んで手続きしますが、小規模の会社から大きな会社まで対応できるよう、手続きのバリエーションが2通り設けられています（⬇P42）。

ちなみに、持分会社はさらに簡便な手続きで設立が可能です。

まず、定款に出資者と出資する財産を記載します。出資者がそのまま経営陣となるので、第1から第3段階は同時にクリアできます。あとは登記をすれば、会社誕生となるのです。

ポイント

株式会社を作るには4つのステップがある

会社を作ることを「設立」といい、それには4つの段階があります。「❶定款を作成する」「❷元手を集める」「❸経営陣を決める」「❹会社を登記する」ことです

会社設立のプロセスを確認しよう!

❶ 定款作成

定款

・商号
・目的　など

(➡P44)

発起人が会社の行う事業などを定めた定款を作成

❷ 出資

出資する資本金は、0円でもOK

(➡P46)

発起人が事業を行うための資本金を払い込む

❸ 経営者などを選ぶ

経営者

経営陣は、出資者でなくても可能

発起人が会社の経営陣など中核となる人物を選びます

❹ 登記

登記所
・商号
・目的…

会社の内容を登記所に登録する

4つのステップが必要なんだね

簡単にいえば「設立」とは、株式会社が法人格を取得し、法律上の人格になるということだね

One Point

会社法にプロセスの規程はない

会社法では設立までの方法の記述はない。株式会社の実体が形成されると、登記をすることで法人格を取得し、成立するとされる(法911条「株式会社設立の登記」、法49条)

Memo

発起人

会社の設立の企画者として、定款に署名・捺印などをしたもの。発起人は1人でもいいが、1株以上の引き受けが必要。なお、発起人に資格や制限はない

02 会社の設立に必要なものは？

株式会社の設立には2つの方法があり、持分会社は簡便にできる

必ず定款を作成する

前述したように株式会社の設立には、まず定款の作成が必要です。定款は会社設立の企画者である**「発起人」**が作成し、公証人の認証を受けます。

次に、会社の財産を集めることになるのですが、誰から出資を募るかで、手続きが2通りに分かれます（➡P58）。

発起人が会社の財産のすべてを出資し、すべての株式を引き受ける**「発起設立」**と、発起人はもちろんのこと、その他の不特定多数の人の出資を募る**「募集設立」**です。

発起設立の場合は、発起人が出資予定額すべてを払い込みます。その後、取締役など最初の経営陣を選ぶのです。発起人自身を経営陣に選ぶこともももちろんできます。選ばれた経営陣は、設立手続が適正かどうかの調査を行ったのち、設立の登記をします。これで会社が生まれます。

一方、**募集設立**の場合は、発起人が出資を払い込んだのち、他の出資者を募集し、応募した人は期日までに出資を払い込みます。払い込みが完了したら、出資を払い込んだ銀行から「払込金保管証明書」を発行してもらいます。

どちらの方法も新しくできる会社の取締役等は設立手続の調査をして、問題がなければ登記を行い、会社の誕生となります。

株式会社以外の手順

持分会社は定款作成と登記だけで手続き完了で、公証人の認証も出資の払い込みも必要ありません。

ただし、持分会社のうち、合同会社だけは財産の払い込みが必要です。

合同会社は、1人以上の有限責任社員が定款を作成すれば会社の実体が完成します。ただし、株式会社同様に全員が有限責任社員のため、全額の出資が必要となるのです。

ポイント

株式会社の2つの設立方法

株式会社には「発起設立」と「募集設立」の2種類があります。大まかな違いは、出資を払い込む人とそのタイミングにあります

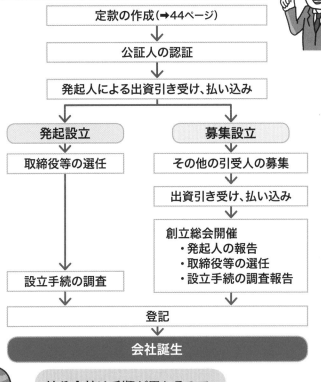

株式会社の2つの設立方法をチェック！

株式会社の設立は、出資者と出資のタイミングにより、2つの方法をとることができます

定款の作成（➡44ページ）
↓
公証人の認証
↓
発起人による出資引き受け、払い込み
↓

発起設立
↓
取締役等の選任
↓
設立手続の調査
↓

募集設立
↓
その他の引受人の募集
↓
出資引き受け、払い込み
↓
創立総会開催
・発起人の報告
・取締役等の選任
・設立手続の調査報告
↓

登記
↓
会社誕生

持分会社は手順が異なるので、注意が必要ですね

Break Time 法改正により、発起設立がしやすくなった

日本では新しく会社を設立する場合、小規模の会社や大企業の子会社などで株主数が少ないことが多く、発起設立が適している。これは法改正により、基本的に出資金の払い込みの調査が不要になったことによる。また、会社法下では、発起人1人の会社も認められており、俗に「一人会社」とも呼ばれている。ただし、持分会社のうち、合資会社ではできない

03 「定款」は、会社の憲法

定款に書かなくてはいけないことは決められている

会社の骨組みを決めるルールブック

ここまでに何回か登場していますが、**「定款（ていかん）」**とは、会社の名前や経営組織、どうやって資金集めをするかなど、会社経営の骨組みとなるルールを定めた規則で、いわば会社の憲法です。

どのような種類の会社でも、設立するときに必ず作成しなければなりません。

定款に書かれている内容は、大まかに以下の3つに分けられます。

❶「絶対的記載事項」
❷「相対的記載事項」
❸「任意的記載事項」

必須である絶対的記載事項

絶対的記載事項は、定款に必ず書かなければならない事項で、**「①目的」「②商号」「③本店の所在地」「④出資される財産について」「⑤発起人の情報」「⑥発行可能株式総数」**の6つです。

これらを記載しなければ定款として成り立たないので、省略できません。ただし、発行可能株式総数については、認証のときではなく設立登記のときまでに記載すればよいことになっています。

相対的・任意的記載事項に会社の個性が出る

相対的記載事項は、会社法に用意された制度を会社に取り入れたいときに、定款に規定しなければならない事項です。

例えば取締役会を設置するには、定款にその旨の規定が必要となります。また、法律上の規定はありませんが、株主の利益に重大な影響がある事項についても相対的記載事項とされます。

任意的記載事項は法律上定款に書くことは要求されていませんが、会社の決め事として規定しておく事項です。定めておけば、よりルールが明確になるというメリットがあります。

設立の第1段階・定款の作成

会社を設立する場合にまず最初に行うのが、定款の作成です。定款とは会社の組織と活動に関する根本的な規則のことです

定款に必要な事項と任意の事項を整理しよう

「絶対的記載事項」は必須ですよ!

株式会社の定款の記載事項

❶絶対的記載事項	❶目的　❷商号 ❸本店所在地(最小行政区画まで記載) ❹設立に際して出資される財産の価額またはその最低額 ❺発起人の氏名または名称及び住所 ❻発行可能株式総数
❷相対的記載事項の例	❶現物出資　❷公告の方法　❸取締役会等の設置 ❹取締役等の任期の延長、短縮 ❺株式の譲渡制限に関する事項 ❻種類株式に関する事項 ❼取締役の責任の減免に関する事項　　など
❸任意的記載事項の例	❶事業年度 ❷株主総会の招集時期 ❸取締役の人数　　など

定款は会社の本支店に備え、発起人、株主、会社債権者が閲覧できる状態にしなければなりません

Memo

公告

会社は、決算などの情報を公告することが諸法令により義務付けられている。その公告方法は定款で任意で定めるが、定めがない場合は官報で公告しなければならなくなる

One Point

会社法の定款に関する記述

会社法では第2節に「定款の作成」を設け、21条から31条までに記述している。なお、法律内に「絶対的記載事項」という文言はない。条文の内容から区別される概念だ

04 「資本」ってなんのこと？

会社を設立し、維持するためには資本金が必要となる

会社の債権者を守るためのお金

一般的に**「資本」**とは会社が商売をするための元手のことをいうことが多いでしょう。しかし、会社法でいう資本は少し違った意味合いをもっています。

会社法での資本とは、会社の財産を確保するための基準となる一定の金額で、その金額は株式の対価として支払われた金額の総額です。

株式会社では、株主は有限責任で出資した金額以上に会社の負債を支払う義務はありません。これは出資者にとってはメリットですが、一方で会社にお金を貸す銀行や物を売る業者などには、お金や売上金が回収できるかどうか不安になります。

そこで、誰もが安心して会社と取引できるよう、法律が会社にある程度の財産が残るように各種の規制を設けているのです。

具体的には、「会社は毎年の利益をある程度まで積み立てておかなければならない」「利益の分配に制限がある」などです。これが会社法でいうところの**「資本金制度」**です。

撤廃された最低資本金制度

もともと、株式会社や旧有限会社では最低資本金という制度があり、株式会社では１０００万円、有限会社では３００万円の資本金がないと設立できませんでした。

しかし、この制度は平成18年の会社法施行で廃止され、現在では設立時に資本金０円でも設立可能となりました。

とはいえ資本金の大きさはその会社に資金がどれだけあるかの指標ともなります。これは会社の倒産しにくさを表すので、資本金がなくても大丈夫とまではいえません。取引先の安心材料となりますので、業態によって異なりますが、ある程度の資本金は必要となるでしょう。

資本金制度は会社の運営を円滑にする

資本金制度は出資者にとって有限責任であるメリットがあるとともに、取引先などと円滑なビジネスを行うために必要なものです

資本制度をまとめてみよう！

A社が倒産した場合

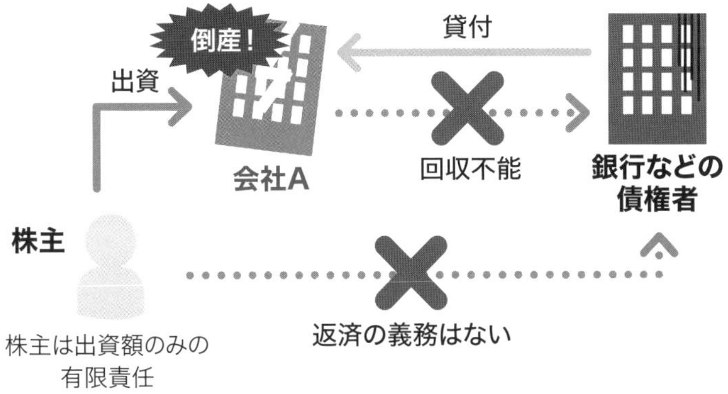

銀行などが安心して会社と取引するには、
会社に自前の財産がきちんとあるかが重要

資本とは	金融機関や取引先（債権者）の安心のために確保すべき財産。最低資本金制度が廃止された現在、会社法では剰余金の分配に厳格なルールを定めるなど、会社に財産が確保されるようにしている

会社に十分な財産を確保していないと
取引先は安心して取引できませんね

Break Time

最低資本金制度の廃止で、0円でもOK？

資本金は1円でも可能と書かれることが多いが、実際は会計処理次第で0円の資本金もあり得る。したがって、本書では設立時の資本金は0円でも可能と記載している。ただし、資本金の額をマイナスにすることは認められず、仮にマイナスで会社をはじめる場合は、その他利益剰余金（➡P120）をマイナスとして処理する必要がある

05

資本にはルールがある！

会社法では債権者を守るために、資本の運用を規制している

債権者を守るためのルール

会社の現金預金や不動産、他の人にお金を請求する権利など、金銭的価値を持つ財産を**「資産」**といいます。反対に、仕入の代金（買掛金）や金融機関からの融資など、今後会社が支払わなければならないものを**「負債」**といいます。

資産の総額から負債の総額を差し引いた残りが**「資本」**となります。言い換えれば、支払う必要がない、自前のお金で賄っている部分が資本ということです。

会社に資産がいくらたくさんあっても、その多くが負債の支払いにあてられてしまうと、もしものときに支払い余力が少ないということになってしまいます。これでは取引先や銀行は、会社と安心して取引できません。

そのため会社法は、資本を充実させるための各種規制を用意しています。

資本金と準備金、剰余金

資本は大まかに分けて中心となる**「資本金」**ともしもの場合に備えた**「準備金」**（⬇P50）、これまでの利益の蓄積などの**「剰余金」**で構成されます。資本は会社設立の際に集められた財産やその後の事業拡大によって新たに集められた資金なのです。

さて、資本金0円でも会社は作れますが、会社の大きな目的である株主に儲けを分配する配当（⬇P１２０）には資本が全体で３００万円必要です。加えて配当は、資本から資本金、準備金、自己株式をのぞいた剰余金のみを充当することができます。むやみに配当をして、債権者が被害を被らないようにしているのです。

会社が自分の株式を取得する場合もこの範囲内に限られています（自己株式の取得⬇P１３６）。さらに、毎年の利益のなかから準備金を積み立てることが義務付けられています。

最低資本金制度撤廃とひきかえに強化

資本には「資本金」「準備金」「剰余金」があり、これらの運用には厳格なルールがあります。これは会社の債権者を保護する意味があるためです

「資本」の関係を把握しておこう！

うわ、いろいろと新しい用語も出てきましたね

資本 ＝ 会社の財産（資産） － 会社の借金（負債）

資産		負債
●現金 ●預金 ●不動産 ●貸しているお金 など	＝	●借金 ●預かっているお金
		資本 ●資本金 ●準備金 ●剰余金

会社が持っている財産

会社財産のうち、借金で賄っている部分

会社財産のうち、自前で賄っている部分

この部分をなるべく確保したい

- 純資産額300万円未満では配当ができない
- 配当をするときには、準備金を積み立てる義務あり

資本は、債権者の安心材料ですね

資本とは、事業の基本となる大切な財産です

Memo

資産

金額として換算することができ、将来的に会社に収益をもたらすことが期待される経済的価値。例えば現金は、それを事業に活用することにより、収益を得るために使うことがきる

負債

第三者から金品などを借り受けて、その返済義務を負うもの。物品を掛け買いしたときの買掛金や金融機関などからの借入金、社債（➡P140）などがある

06 「準備金」ってなんのこと？

準備金は配当をした場合に積み立てておく、債権者保護のお金

もしもの時に備え積み立てておく

資本は銀行など会社の取引先が安心して会社と取引できるよう、充実させておくべきものです。そのために、商売の元手である資本金とは別に積み立てておき、もしものときの備えとなるお金が「**準備金**」です。

準備金は毎回配当のたびに積み立てをしておきますが、必要に応じて資本金に繰り入れたり、配当の原資とすることが可能です。配当をする場合、「減少した剰余金の分を準備金にして積み立てなくてはいけない」と会社法と会社法法務省令に定められています。

準備金は法律で決められている「**法定準備金**」と、法律上の義務ではありませんが会社が任意に積み立てる「**任意準備金**」の2種類があります。法定準備金はさらに「**資本準備金**」と「**利益準備金**」の2種類に分かれます。

資本金と準備金の関係

会社を設立するときに株主から出資を受け財産を集めますが、原則としてこの財産はそのまま資本金になります。設立後、新たに出資を募る場合も同じです。

ただし、そのような場合でも払い込みを受けた財産のうち半分は資本金とせず、将来に備えて準備金としておくことができます。これが資本準備金です。

一方、利益準備金は会社が事業活動で得た利益の一部を積み立てておくものです。一定の金額になるまで、決算のたびに積み立てることが義務付けられています。

任意準備金は会社が将来に備えて自らの意思で積み立てるお金です。会社が自由に決めるものなので様々な種類がありますが、大きく分けて使い道を定めるものと、特に定めないものがあります。

2種類ある準備金

準備金は「法定準備金」と「任意準備金」があり、法定準備金はさらに、「資本準備金」と「利益準備金」の2つに分けられます

準備金の大枠をつかんでおこう!

準備金は、配当と密接な関係があるのね

- 資本
  - 資本金
  - 準備金 ※単に「準備金」というときは、「法定準備金」を指す場合が多い
    - 法定準備金
      法律で積み立て義務がある準備金
      - 資本準備金
        株主から払い込まれた出資金の一部など
      - 利益準備金
        法律で積み立て義務がある準備金。会社が営業活動で得た利益の一部を積立
      （配当には使えない）
    - 任意準備金
      会社が自由に積み立てる準備金
  - 剰余金
    - 資本剰余金
    - 利益剰余金
  - その他

もしもの時のための
お金が
「準備金」なのですね

資本金、準備金、剰余金の関係を
しっかり学びましょう

Memo

任意準備金

強制的に積み立てなければならない法定準備金のうち、配当可能利益のなかから積み立てるもの。定款や株主総会の決議で、会社が任意に積み立てる

One Point

旧商法との比較

旧商法では資本準備金と利益準備金それぞれの規定があったが、会社法では名称を残しつつも同じ「準備金」として規定体系が統一されている(法445条4項)

07 準備金のルールを知っておこう！

準備金は積み立ての額や取り崩し方法などを厳格に定められている

法定準備金は、積み立ての義務がある

準備金はもしもの時に備えて会社が積み立てておくものです。なかでも法定準備金については積み立てるルールが厳密に決まっています。

会社設立の際に払いこまれる財産や、新たに株式を発行して出資を受け入れた財産は、原則としてすべて資本金となります。ただし、総額の2分の1までは資本金としないことができます。

この場合は、資本金としなかった全額を資本準備金として積み立てることとなります。

利益準備金については、配当を行う場合には必ず積み立てることになっています。

積立額は、会社法の法務省令で定められていて、配当する額の10分の1以上とされています。この場合、積み立てるのは資本準備金、利益準備金で、これは会計のルールで決まります。ただし、資本準備金と合わせて資本金の4分の1に達するまで積み立てなければいけません。

準備金を取り崩すには

準備金を取り崩すときは、原則として株主総会で決議します。

ただし、準備金を取り崩して剰余金とする場合はその分配当の原資が増え、取引先があてにできる財産が減ることを意味します。したがって、取引先の不利益にならないようにする手続きが別途定められています。

言い換えれば、準備金を減少させて他の株主資本を増やす場合には、様々な規制があるということです。

なお、任意準備金については法律上の義務ではないので、積み立てるかどうかやどれくらい積み立てるかは基本的に会社に任されています。原則として株主総会（➡P70）で決議をして積み立て、取り崩しを行います。

ポイント

債権者保護のため厳格な規定のある準備金

配当は株主にとってメリットですが、債権者にとっては会社の財産を社外に流出させる行為のため、準備金を積み立てて守っているのです

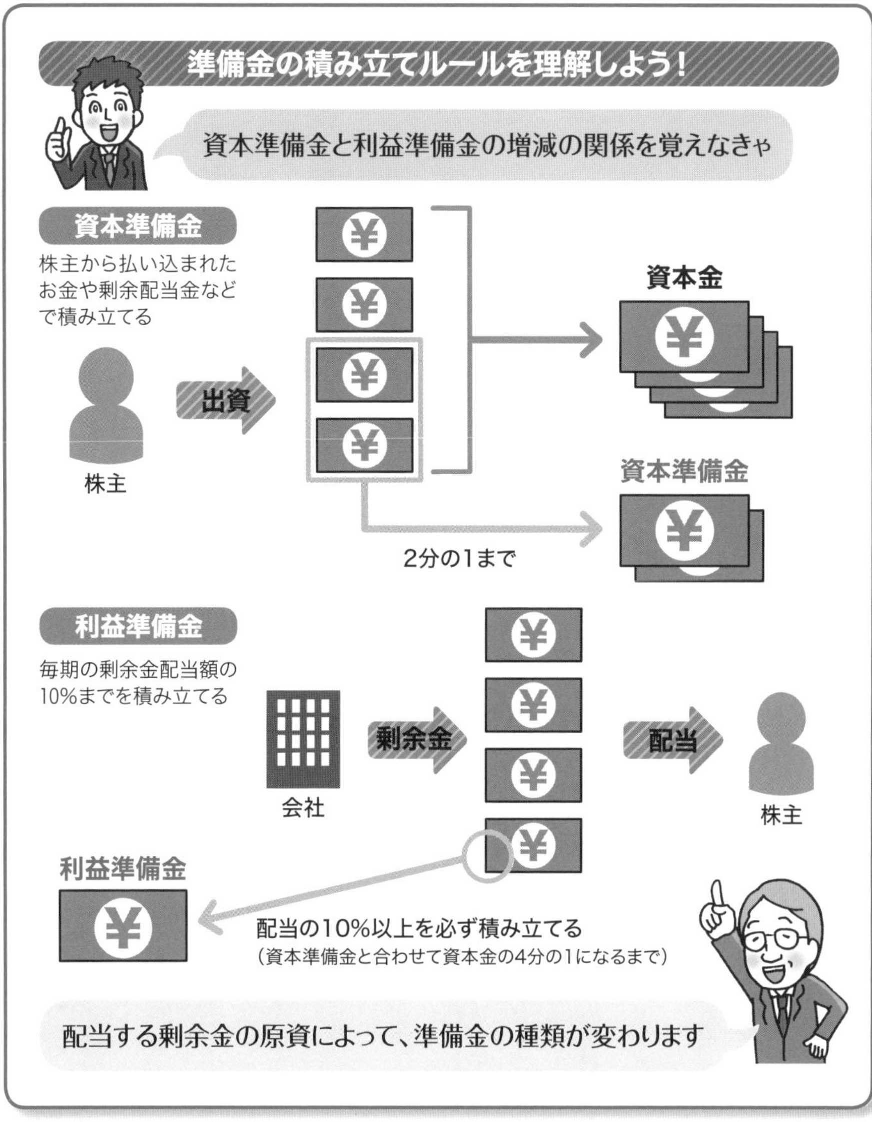
準備金の積み立てルールを理解しよう！
資本準備金と利益準備金の増減の関係を覚えなきゃ
資本準備金
株主から払い込まれたお金や剰余配当金などで積み立てる
出資
株主
資本金
資本準備金
2分の1まで
利益準備金
毎期の剰余金配当額の10%までを積み立てる
剰余金
配当
会社
株主
利益準備金
配当の10%以上を必ず積み立てる
（資本準備金と合わせて資本金の4分の1になるまで）
配当する剰余金の原資によって、準備金の種類が変わります

One Point

配当と利益準備金

剰余金の配当は、法務省令の定めに従い、法445条4項で規定されている。会社法では、最低資本金制度が廃止されたため、剰余金分配について定め、債権者保護としている

違法な剰余金分配

会社法では違法な分配でもその効力は有効とされている（法461条1項）。ただし、会社や債権者は、違法分配額を返還するように請求することが可能だ

08

資本金と準備金の増減の仕組みとは？

▼会社の資本金を増やすのは「増資」、反対に減らすのは「減資」という

会社のお金の増減の方法

資本金や準備金は取引先を守るためにあるものなので、配当の財源として使うことはできません。資本金や準備金が増えればその会社はよりつぶれにくくなり、信用が増しますから、取引先としては歓迎すべきところです。

反対に株主からすれば、資本の確保よりも自分たちに利益を分配することを優先したいところです。とはいえ、信用が増せば、会社の利益が多くなり、株主への配当も増えていきます。資本増強は、株主にとっても意味のあることなのです。

さて、資本金を増やすことを**「増資」**といいます。増資にはいくつか方法がありますが、大きく増やすためにはやはり新たに株式を発行して追加の出資を受け入れるのが近道です（➡P116）。

このほか、準備金を資本金に組み入れることで資本金を増やすこともできます。

ただし、実際には、資本金や準備金は「数字」であって、「実財産」とは異なりますので、注意が必要です。

減資には高いハードルがある

資本金を減らすことを**「減資」**といいます。会社が多額の損失をしたり、赤字が累積した場合などに、欠損を解消する目的で行われることが多いとされます。

加えて減資は、配当財源を増やすことにもなります。配当は、会社の財産を株主に分配することなので、財産が会社の外に流れてしまう懸念が生じます。

このため会社は減資や法定準備金の減額を行う場合には株主総会の特別決議を経て、取引先にあらかじめその旨を告げて、異議を述べる機会を与えることになっています。これを**「会社債権者異議手続」**といいます（「保護手続」ともいいます）。

「増資」と「減資」の方法と意義

資本金を増額することを「増資」といい、事業の拡大などに役立てます。一方、減額することは「減資」といい、これには様々な規制があります

資本金を増減する方法

資本金を増やす ▶ 増資

代表的な方法は、新株を発行して新たに出資を受ける

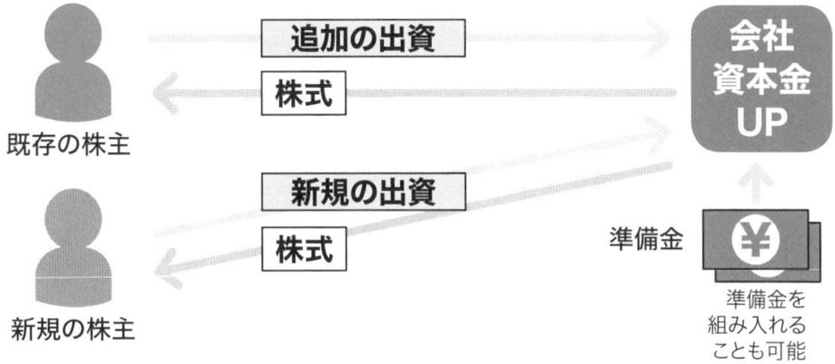

既存の株主
追加の出資
株式
新規の株主
新規の出資
株式
会社
資本金
UP
準備金
¥
準備金を
組み入れる
ことも可能

資本金を減らす ▶ 減資

債権者保護手続が必要
➡債権者に異議を述べる機会を与えなければいけない

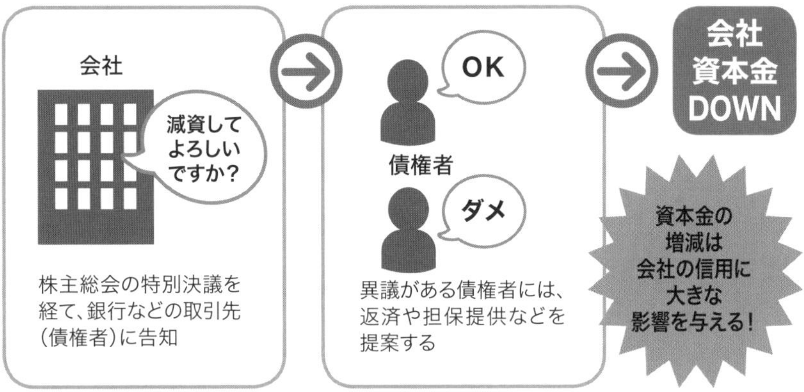

会社
減資して
よろしい
ですか？
株主総会の特別決議を
経て、銀行などの取引先
（債権者）に告知
OK
債権者
ダメ
異議がある債権者には、
返済や担保提供などを
提案する
会社
資本金
DOWN
資本金の
増減は
会社の信用に
大きな
影響を与える！

Memo

減資

会社法下では減資とはいわず、「資本金・準備金の額の減少」という（法447条、法448条）。なお、減資を無効とするためには、会社の安定性を図るため、訴えを起こさなくてはいけない

増資

増資は、「資本金・準備金額の増加」という。総会では、減少する剰余金の額と資本金または準備金の額の増加の効力発生日を定めるとされている（法450条3項、法451条3項）

09 設立時の費用は誰が負担する？

会社を生み出すためには、事務手続や登記など各種の費用が発生する

設立に必ずかかる費用

会社法施行前と違い、会社は資本金0円でも設立できるようになりましたが、それだけで起業できるわけではありません。書類作成や役所への手続きなど、その他の費用が掛かります。

会社を設立するためには定款の作成が必須だと述べましたが、紙ベースで定款を作成すると印紙代が必要になります。ただし、データで保存する電子定款の場合は、不要です。

また、株式会社は「定款の認証」が必要になりますので、その費用もかかります。

さらに、会社成立のためには、必ず登記をしなければならないので、登記費用も必要です。ただし、合同会社などの持分会社では定款の認証が不要で登記費用が安いので、株式会社よりも設立は安く済みます。

これらの必ずかかる費用のほか、設立手続を行う事務所の賃貸料や印刷物の印刷代、手続きを専門家に依頼する場合の報酬などの費用がかかる場合があります。

設立費用は誰が払うのか

これらの設立費用は誰が出すのでしょうか。会社が生まれるために必要な費用ですので、会社が出せばよいのですが、設立手続中は会社自体がないので、さしあたり発起人が出すことになります。そして会社成立後に発起人が会社に請求することになります。

しかし、設立費用の名目で無条件に会社に請求されてしまってはせっかくの会社財産が発起人に食いつぶされかねません。会社を誕生させた意味がなくなってしまいます。

そこで、設立費用については定款に記載し、かつ検査役のチェックをパスした分だけ、会社に請求できることになっています。

会社設立時の費用も明確にする

会社を設立する場合には、事務や登記などで、様々な費用がかかります。きちんと定款に記載して、明確化しておくことが重要です

会社の設立にはどのような費用がかかる？

設立に必要な費用

- **定款の印紙代** ………… 電子定款なら不要
- **定款の認証費用** ……… 公証人に支払う（持分会社では不要）
- **登記費用** ………………… 最低15万円（持分会社では最低6万円）

その他の経費

- **事務所の賃借料**
- **印刷物の印刷代**
- **創立総会の会場使用料**
- **通知の発送費用**
- **登記を専門家に依頼した場合の報酬**

など

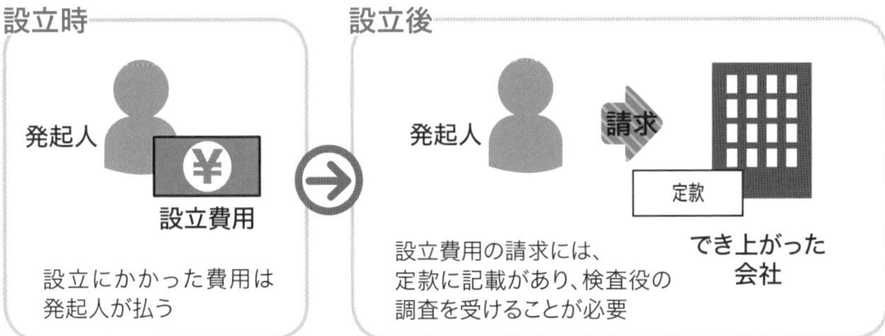

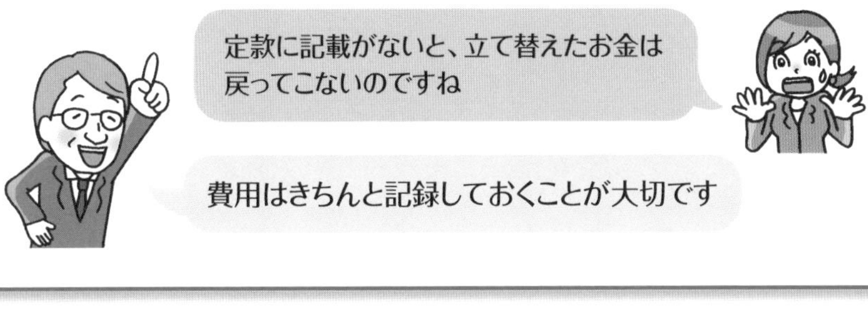

定款に記載がないと、立て替えたお金は
戻ってこないのですね
費用はきちんと記録しておくことが大切です

One Point

設立中の会社

発起人が会社設立のために労した権利義務は「設立中の会社」に属すると考える。つまり、設立中の会社は、権利能力のない社団ととらえ、発起人はその執行機関（➡3章）といえる

発起人の費用未払い問題

発起人が設立に関する費用を払わない場合、その債務を成立した会社が引き継ぐかどうかは、定まっていない。現状、いくつかの裁判で争われているが、学説として定まっていない

10 「現物出資」と「事後設立」ってなに？

会社への出資方法は、現物出資や財産引受、事後設立などもある

現物出資には厳格なチェックがある

会社を設立するときの出資は不動産や車両などでもかまいません。これを**「現物出資」**と呼びます。

このように事業用の財産が最初からあれば、事業開始がスムーズにいくなどのメリットがありますが、実は危険性もはらんでいます。

例えば発起人が10万円の価値しかない建物を1000万円の価値があるとして出資したら、資本金1000万円の会社が誕生します。ところが実際には会社財産は実質10万円の建物のみ。これでは取引先が安心して会社と取引できません。

このようなことのないよう、現物出資は発起人のみがすることができ、目的物とその値段を定款に記載することとされています。さらに、一定の場合をのぞいて検査役という第三者のチェックを経て現物出資が有効になります。

また、会社成立を条件として財産を会社に譲り渡す契約を**「財産引受」**と呼びますが、これも現物出資のバリエーションといえるため、同じように定款に記載して検査役のチェックを受けることになっています。

事後設立とは

もう1つ、似たような制度に**「事後設立」**があります。

これは、会社が成立する前からある財産をその後も使用するため、会社が譲り受ける契約をすることです。現物出資とは違い、出資者に対価を支払うタイミングが会社設立後にずれることになります。会社成立後、2年以内に行います。

会社法施行以前は、原則として検査役の調査が必要でしたが、施行後は不要となり、中小企業が利用しやすくなりました。

ただし、支払う対価が純資産額の20%超える場合には、株主総会の特別決議を必要とします。

ポイント

会社への出資は現金だけとは限らない

設立時に現物出資できるのは発起人に限られます。一方、財産引受や事後設立は発起人以外でも可能です。これらの出資には厳格な規定があります

現物出資を理解しよう!

現物出資とはその名のとおり、
現金以外で出資することだね

●現物出資をすることができるのは、発起人のみ
●現物出資する財産とその値段を定款に記載する
●検査役の調査を受ける

検査役の調査が不要とされるケース

●定款に記載された価額の総額が500万円を超えない場合
●市場価格がある有価証券で、価額が市場価格を超えない場合
●価額が相当なことについて弁護士、公認会計士、監査法人、税理士等の証明(不動産の場合はさらに不動産鑑定士の鑑定)を受けた場合

現物出資は、原則として、定款に記載したうえ、
検査役の調査を受けることが必要です

Memo

開業準備行為

会社が成立後にすぐ事業ができるように、事務所を準備したり、仕入れや販売ルートなどを確保しておくこと。財産引受のすべてをこれに該当させるかどうかは、判例が分かれている

One Point

会社の不成立

設立過程に違法性があっても、登記が済めば会社は成立する。これを無効とさせるためには、設立無効の訴えという制度を利用する(法834条)

COLUMN

資本金が実際には存在しない!?
「預(あずけ)合(あ)い」と「見せ金」とは？

会社と取引をしている業者や銀行などの金融業者（＝債権者）は、株主に対して返済を求めることはできません（株主有限責任➡P125）。そのため、債権者が安心して取引するためのよりどころが、「会社の財産」です。

会社の財産の最低水準は「資本」ですが、これを不正な手段で大きく見せ、有利な取引をしようとすることは、もちろん禁止されています。

こういった違法な資本金の払い込み方法には**「預合(あずけあ)い」**や**「見せ金」**と呼ばれる手法があります。「預合い」とは、発起人が銀行等から借り入れたお金をそのまま預金などに振り替えて、会社設立の払い込みに充てることです。これだけなら違法にはなりませんが、銀行等とのあいだで「返済が済むまでこの預金を引き出せない」と契約すると預合いとなるのです。

預金が引き出せないのですから、この部分の資本金は実質ゼロです。つまり、資本金の額をごまかしていることになるのです。これは、刑事罰の対象ともなります。

一方、「見せ金」とは発起人が設立のための払込金をほかの金融機関から借り入れて、一時的に資本金として払い込むものの、会社成立後にすぐに引き出して、返済に充ててしまうことをいいます。

預合いが設立資金の振込先と同じ金融機関で行われるのに対し、見せ金は払い込む先の金融機関とは別のところからお金を調達している点で違いがあります。

見せ金もすぐにお金を引き出してしまうので、資本金はその分減少することになります。見せ金での払い込みは無効です。

資本金は会社の信用ですから、誠実に払い込むのが相互信頼のための基本でしょう。

資本金は会社制度の基本ですから、
それをごまかすことは信用失墜となります

第 3 章

会社を構成する「機関」ってなに？

会社を構成する「機関」ってなに？

会社の種類がわかったところで、こんどは「機関」について見てみましょう
キカン？
器官
気管
機関車…
もう
「機関」ですよね
体の「器官」とは違うのよ！
いや、たとえとしては人間の器官といってもいいでしょう
脳や心臓のような器官の役割を会社では「機関」が担っているのです
えっへん
ふぅー…
機関には「株主総会」や「取締役」「取締役会」「監査役」「監査役会」などがあります
その設計方法は、会社法で細かく決まっているんです
取締役といえば、社長とか専務ですよね
なんか人を機関というのも不思議な感じだなぁ

そうですね はじめはちょっと 奇異かもしれません
でも会社法では、 会社がなにか 行動するときには 機関をとおして 行うことに なっているんです
機関
そっか！ 会社そのものが 法人という人だから その中の人はまさに 人間でいうところの 器官ですね
役割が 決まっているとい うことかぁ
いいことを いいますね！ まさに そのとおりです
GOOD!!
例えば、 すべての株式会社には 「株主総会」と 「取締役」の 2つの機関が必要です
株主総会
取締役
一人会社の 場合でも 必要なん ですか？
詳しくはあとで教えますが、 必要なんですよ
なるほど、 ボクも会社の 機関なのかな…？
そのへんを含めて 解説していきましょう！

01 会社の「機関」ってなに？

機関とは、会社の代わりに権利の主体としての手続きをする「会社の手足」のこと

「機関の行為」＝「会社の行為」

第1章でも述べたように、会社には、法律上の人格である「法人格」があります。そのため、生きている人間と同様に、権利の主体になることができるのです。物を買ったり、住居の賃貸契約をむ済んだり、犯罪被害にあえば訴訟を起こすことも可能です。

しかし、会社には人間のような手足がありません。人間と同じように出歩いたり、書類に記入したりすることはできないので、会社の代わりに手続きをする人（自然人）や、その集団が必要になります。これを会社の**「機関」**といい、機関の行為が会社の行為になるのです。

機関の設置は定款で定める

持分会社では、原則として社員が機関の役割を果たします。合同会社の場合は、社員（出資者）全員に会社の代表権と業務執行権がありますが、特定の代表社員や業務執行社員を決めることもできます。一方、株式会社では、法律にのっとって機関を設置することになっています。このとき、株主総会（⬇P70）と取締役（⬇P78）は必ず設置しなくてはなりません。

また、資本金が5億円以上、または負債総額が200億円以上の**「大会社」**は、会計監査人（⬇P96）を選任することが義務付けられています。大会社が「公開会社」の場合は、そのほかに、監査役会、指名委員会等、監査等委員会のいずれかを設置する必要（⬇P88、100）があるのに加え、上場会社等は、令和元年の改正で社外取締役（⬇P92）を置くことが義務づけられました。大会社ではない中小会社は、会計監査人を置かなくても問題ありません。

会社に最終的にどんな機関を置くかは、定款に法律の範囲内で定めます。

会社の手続きを代行する自然人が「機関」

会社は法律で権利の主体になることを認められた法人ですが、人間と同じように活動することはできませんので会社の「機関」が手続きを代行するのです

会社の種類と機関の関係を覚えておこう

会社の種類によって、
「機関の役割」などが変わるんだ

持分会社

社員が「機関」の役割を果たす

定款
どのような機関を置くのかは定款で定める

合名会社　**合資会社**　**合同会社**

- 社員全員に会社の代表権と業務執行権がある
- 特定の代表社員や業務執行社員を決めることもできる

株式会社

- 法律にのっとって機関を設置する
- 株主総会と取締役は必ず置く
- 大会社は会計監査人が必要

定款
どのような機関を置くのかは定款で定める

「機関が活動する」ということがポイントですよ

One Point

会社法上の「大会社」とは

会社法では「大会社」が定義されていて、漠然としたものではない。大会社とされるのは、最終事業年度の貸借対照表上の資本金の額が5億円以上、または負債の合計額が200億円以上の「株式会社」をいう（法2条6号）

公開会社と上場会社

公開会社はすべての株式の譲渡を制限してない会社のことで、すべての上場会社がこれにあたる。ただし、上場していなくてもすべての株式の譲渡を制限していなければ公開会社となる。ただし、ほとんどの公開会社は上場している

02 株式会社の機関を理解しよう

株式会社に設置される機関には様々なものがあり、その中心になるのが株主総会だ

「株主総会」も機関の1つ

株式会社が必ず設置しなければならない機関である**「株主総会」**は、会社のオーナーである株主の集まりです。最低でも1年に1回行われ、会社にとって重要な事柄を決定する最高意思決定機関として機能します。

同様に株式会社に必ず設置される**「取締役」**（⬇P78）は、会社の経営を担う人のことで、株主総会で選ばれます。

株主総会と取締役が分かれているのは、**「企業の所有と経営の分離」**の考え方に基づいています。株主が一般人の場合、経営のことがわかるとは限りません。そこで、経営のプロである取締役を株主総会で選んで経営を任せ、株主は重要事項だけを株主総会で決定する仕組みになっているのです。

株主総会には、年に1回開催される**「定時株主総会」**と、必要に応じて開催する**「臨時株主総会」**があります。話す内容は大きく分けて2種類です。

1つめは、会社の業績（貸借対照表、損益計算書などの計算書類⬇P112）を取締役が報告する「報告事項」。

2つめは、機関の選任や解任、役員報酬総額、会社組織、その他株主の重大な利害に関する事項などの「決議・承認事項」です。

必要に応じて様々な機関を設置

このほか、株式会社には、取締役を構成員とした**「取締役会」**と**「代表取締役」**、業務や会計をチェックする**「監査役」**と**「監査役会」**、経理をチェックする**「会計参与」**と**「会計監査人」**、さらに**「委員会」「執行役」**などの機関があります。

これらの機関は必要に応じて設置し、会社の経営を監視・遂行させます。会社の規模が大きくなれば、株主や動かすお金の量も増えるので、一般的には機関の規模も大きくなります。

ポイント

基本は株主総会と取締役

株主の集まりである株主総会は、最低1年に1回行われる最高意思決定機関。会社の経営を担う取締役も株主総会で選びます

株式会社の機関にはこのようなものがある！

株式会社の機関には以下の11種類があります

この2つの機関はすべての株式会社に必要です

株主総会
会社の基本的な方針や重要な事項を決定 ➡P70

取締役
業務執行機関または取締役会構成員で株主総会で選任 ➡P78

代表取締役
株式会社を代表する権限（代表権）をもつ取締役 ➡P78

委員会
経営の監督と業務執行を明確に分離 ➡P100

執行役
会社の業務執行を行う役職 ➡P84

代表執行役
執行役の中から取締役会が選任する役職 ➡P84

取締役会
業務執行の意思決定等を行う合議体 ➡P82

会計参与
取締役等と共同して計算書類等を作成する ➡P96

監査役
株主総会で選任され、取締役の職務の執行を監査する ➡P86

監査役会
会社の経営を監査する監査役で作られたた組織 ➡P88

会計監査人
会社の計算書類などを会計監査する ➡P96

外部から

ルールは次セクションで解説します

Break Time 会社の機関とコーポレートガバナンス

最も単純な会社の機関設計は、「株主総会」と「取締役」の2つのみで事足りる。会社法では、機関の設計におけるコーポレートガバナンス（企業統治→208ページ）に力点を置いており、会社の健全な経営を監視する仕組みを提示。近年では、企業の収益性や競争力の向上の観点からも、コーポレートガバナンスが注目されている

03

機関設計のポイント

株式会社の機関の設計のルールは、公開会社か非公開会社か、会社の規模の大きさによっても変わる

公開会社と非公開会社で異なる

株式会社の機関は、誰にでも自由に株式を売却できる、つまり株式の譲渡に制限のない会社（**公開会社**）と、そうでない会社（**非公開会社**）では、設計（機関の組み合わせ方）に違いがあります。

まず、株式の譲渡ができる会社では、取締役会を必ず置かなくてはなりません。通常、株式の譲渡に制限がない会社では、株主が直接経営することはほとんどありません。そのため、取締役の職務を監督する取締役会を置く必要があるのです。

一方、株式の譲渡に制限がある会社では、取締役会の設置は任意です。このような会社の場合、中小企業など株主と経営者が同一の場合が多く、株主自身が経営に携わることがあるからです。

取締役会がある会社は代表取締役を選ぶ必要がありますが、取締役会がない会社は各取締役が会社を代表します。株式の譲渡制限があり、取締役会もない会社は、監査役と会計参与を任意で選ぶことができますが、監査役会や委員会を置くことはできません。

会社の規模により機関設計は変わる

大会社と中小会社でも、会社の機関設計は変わります。大会社が会計監査人を選ぶ義務があるのは、大きな会社の場合、利害関係者が多くなるので、会社の財務内容の報告の信頼性を高める必要があるからです。

株式の譲渡制限のない大会社の場合、委員会を置く会社（指名委員会等設置会社か監査等委員会設置会社）になるか監査役会を置く会社になるか、いずれかを選択しなければいけません。

中小会社では、委員会を設置しない場合は会計監査人は任意ですが、株式の譲渡に制限を設けている場合は監査役か監査役会を置くか、委員会を設置するかどちらかを選ぶ必要があります。

公開会社は取締役会が必須

公開会社では取締役会を必ず置かなくてはならず、その場合、委員会設置会社になるのかの選択も必須です

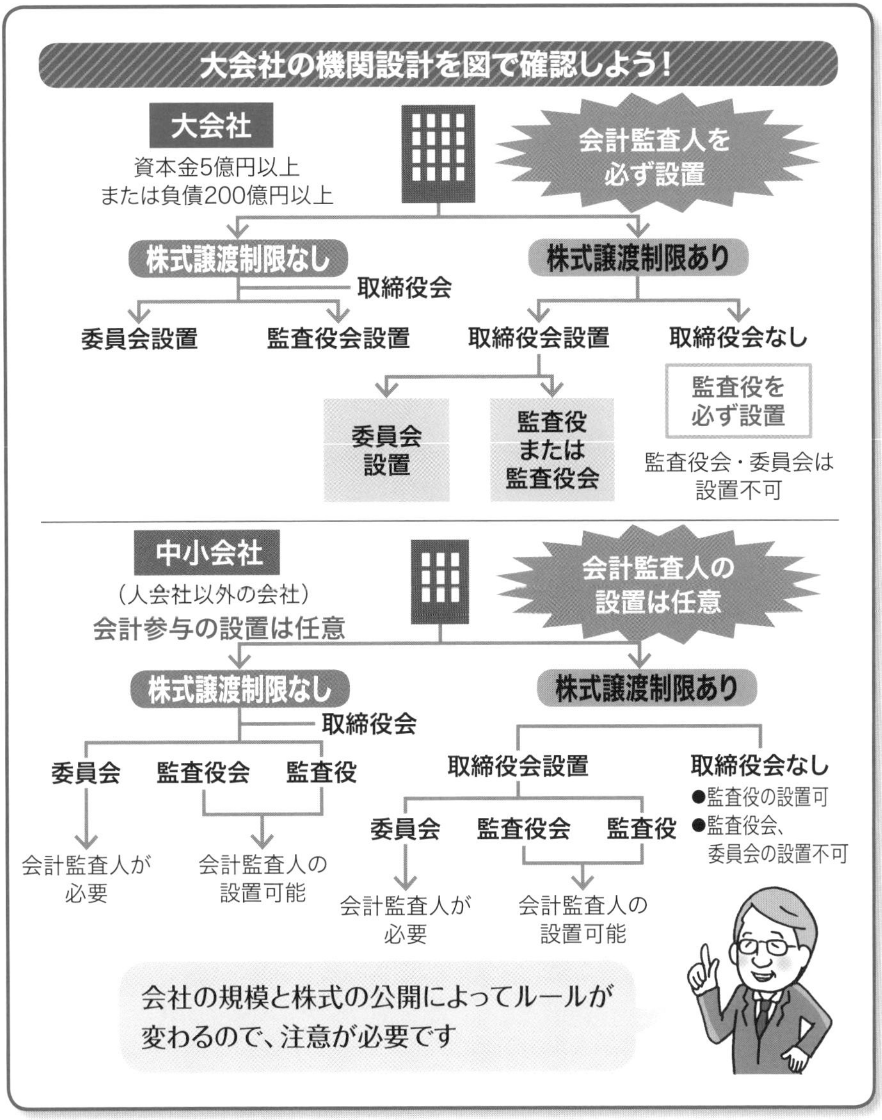

Memo

会社法の機関設計の規整

機関は最低限株主総会と取締役が必要だが、それ以外を設置する場合は上記のように細かく規整が設けられている。選択した機関設計は定款で定めて登記しなければならない（法326条2項、法911条3項15〜23号）。また、平成26年会社法改正で定款で監査役の権限を会計監査に限定する場合も登記が必要な事項となったので注意が必要（法911条3項17号イ）

04 「株主総会」ってなに？

会社の所有者である株主のための意思決定機関

会社の共同所有者のための会議体

「株主総会」は会社の機関の1つで、設置が必要です。会社法では、会社の基礎的な重要事項、例えば定款変更、組織変更、取締役などの選任・解任などのみを株主総会で決定するとしています。

株主総会は会社の最高機関なので、その決定は取締役等にも拘束力があります。なお、取締役会を設置していない会社では、重要事項を含め、株主総会で一切の事項を決定することになります。

株主総会には、年に1度の「定時株主総会」（計算書類の承認と剰余金の配当に関する決議）と、それ以外の「臨時株主総会」があります。

招集は、原則として取締役会が決定し、総会開催日の2週間前までに株主名簿に記載されている株主に招集通知を発送します。招集通知には開催日時と場所、議題を記載。通知は書面ですることが原則ですが、株主の承諾があれば、電子メールなどによる通知も可能となっています。なお、株主総会資料は令和元年の改正により、電子提供が認められます。ただし、書面を希望する株主には、いままでどおり送付しなければなりません。

議決数の過半数の出席が必要？

会社法では、株主総会は議決権の過半数の株主が出席しなくてはいけないとされています。しかし、この出席者数については定款で完全に否定することができるため、多くの会社で「過半数出席を排除する」と定めています。

自ら株主総会に出席できない株主は、代理人を出席させることもできます。株主が1000人以上の場合、わざわざ開場に足を運ばなくても、送付されてくる議決権行使書面に記載・返送することでも決議に参加可能です。こちらも書面によらないで、株主の同意があればITを使用した電子提供の方法も認められています。

株式会社には必須の株主総会

株式会社は株主が所有するものですから、株主の意思決定の場が必要です。それが株主総会で、どの会社でも必ず開催しなければなりません

株主総会の招集を理解しよう！

非公開会社は、簡略化されていますね

株主総会の招集

	公開会社	非公開会社
	取締役会で日時、場所、議題を決定する	取締役会で日時、場所、議題を決定する
通知期間	2週間	1週間（定款でさらに短縮も可）
	株主総会開催	株主総会開催

- 電子メールなどITを使用した方法も可能
- 株主全員の承諾で、招集手続は不要となる
- 総会の開催地は、本社所在地以外でも可能
- 総会資料を電子提供できる

出席者数は定款で定めれば、
過半数に満たなくてもいいんですね

株主総会は会社の最高機関ですから、
決定は強力な拘束力があります

One Point

一人会社の株主総会

株主が1人の会社では、当然のように招集手続は不要で、いつでもどこでも株主総会を開催できると考えられる。これは、最高裁の判例などにもある

株主総会の招集の時期

定時株主総会は、決算期ごとに開催する必要がある（法296条1項）。また、臨時の必要がある場合には、臨時株主総会を開催できる（法296条2項）

05

株主総会の進行方法は？

株主総会は、株主に対する報告とその承認の決議を行う

株主総会の進行

株主総会は会社の最高意思決定機関であるため、取締役や監査役などは十分な準備で臨む必要があります。会社法でも、株主から質問されたことに対して、納得のいく説明をしなければならない、と定められているのです。

議事の進行役の議長は定款で定めますが、一般的には取締役社長が務めます。議長には議事を法令にのっとって、効率的に進めるため、**「議事整理権」**という強い権限があります。議長の指示に従わない場合は、退場命令を出すことも可能です。

決議は、原則として議決権の過半数の賛成で可決となります。議決権は1株（1単元）あたり1個です。多くの会社では、前もって書面投票や電子投票を行っているため、会場で実際に票をカウントすることはまれです。

なお、合併など会社の状態を変えるような重要な議題には、議決権の**3分の2以上の賛成**が必要で、これを**「特別決議」**といいます。

令和元年の改正で、株主提案権の濫用的な行使を制限するため、1人の株主が提案できる議案の数は、10までに制限されました。

決議の取消と無効

株主総会の決議や招集方法が会社法に違反していると主張する株主は、総会決議の日から3か月以内に決議を取り消すための訴訟を起こすことが必要です。また、決議の内容そのものが会社法や他の法令に違反している場合には、決議の無効を確認する訴訟を提起することも可能です。決議の取消は3か月以内に行わなければならないのに対し、無効の確認の訴えに期限はありません。

なお、総会の手続きの間違いが著しい場合は、決議そのものが存在しないとする「不存在確認の訴え」を起こします。こちらも期限はありません。

ポイント

年に1度の最大のイベント

株式会社にとって、株主総会は最大のイベントともいえるでしょう。株主総会を乗り越えることができなければ、取締役等は解任になるおそれもあります

株主総会の決議を理解しよう

1株（1単元）1議決権が原則ね

普通決議と特別決議

普通決議

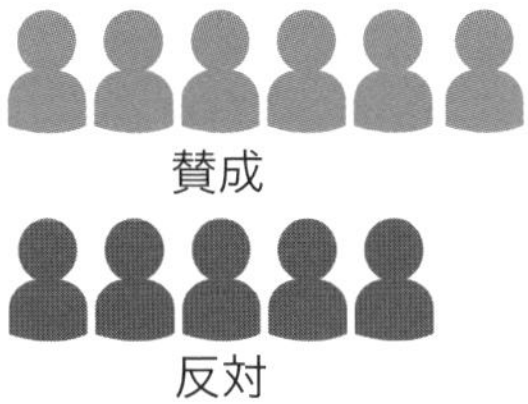

成立

定款で定足数を排除すれば、出席者の議決権の過半数の賛成で決議が成立

特別決議

成立

議決権の半数以上となる株主が出席し、3分の2以上の賛成で決議が成立（定款で緩和・厳格化が可能）

特別決議では、定款変更、合併や解散など特に重要な決定を行います

Memo

複数議決権株式

原則として1株につき複数の議決権がある株式は認められていない。ただし、株式の種類ごとに単元を変えることができるので、実質的に複数議決権株式を作り出せる

電子投票制度

IT技術を利用した電子投票は、株主の承認がなくても、取締役会決議で決定可能。ただし、議決権を持つ株主が1000人以上の会社では、書面投票も受け付けなければならない

06 特殊な株主総会とは？

▼取締役会非設置会社では株主総会ですべてを決定する。また、種類株主のための総会もある

すべてを株主総会で決める

取締役会のない**「取締役会非設置会社」**では、会社の管理一切を株主総会で決めることになります。取締役会非設置会社は、株式譲渡制限会社だけが選択でき（➡P68）、少数支配による閉鎖会社ともいえるでしょう。一人会社や中小零細企業が多く利用しますが、親会社が子会社を完全に支配するために、この形態を採用する場合もあります。

一般の株主総会では、新規取引先の開拓など細かい事項を決定することはありませんが、取締役会非設置会社の株主総会では、どのような事項の決定も可能です。むしろ、すべての事項を株主総会で決定しなければならないのです。

なお、株主総会開催の決定は取締役が行います。招集手続は開催日の1週間前まで。書面に限らず、電話などでの通知でも可能です。取締役会設置会社と比べ、簡略化されています。

種類株主総会とは？

株式には譲渡に制限がかけられているなど、他の株主とは違う権利が与えられる種類株式（➡P132）があります。このような株主のための意思決定機関が**「種類株主総会」**です。

種類株主総会を招集するには、定款で定める場合とあらかじめ会社法で決められている場合の2つがあります。例えば、定款に「取締役等の選任・解任に種類株主総会を必要とする」と定めれば、種類株主総会を招集し、開催しなければ、取締役等の選任・解任はできなくなります。

また、特定の種類株主に損害を及ぼすような決定が株主総会で決議された場合、臨時に種類株主総会を開き、特別決議でその議案を採択するかしないかを決定することができます。

種類株主総会の招集の方法などは、通常の株主総会と同じです。

閉鎖的な会社では株主総会で一切を決定

一人会社や中小企業、完全子会社では、取締役会がない場合があります。そんな会社では、一切の意思決定を株主総会で行います

株主総会で何でも決められる！

株主総会にもバリエーションがあるんですね

取締役会の有無による違い

取締役会非設置会社		取締役会設置会社
すべての事項について決議できる万能機関	**株主総会**	会社の基本的事項についてのみ決議する
↓任命		↓任命
業務の意思決定		業務執行者の監督
取締役		取締役会

種類株主総会とは

ある種類株主だけで構成される株主総会のこと

定款で定められた場合と会社法で定められた場合のみ開催。例えば定款で、取締役の選任・解任は、ある種類株主総会決議が必要とすれば、取締役の解任・選任は種類株主総会決議が必須となる

株主総会はいくつかの種類がありますが、取締役会設置会社の総会は覚えておきたいですね

Memo

取締役会非設置会社

会社統治が株主総会と取締役とで行われる会社で、株式譲渡制限会社のみが選択可能。おもに中小企業が採用するが、完全子会社を支配するためにも利用されている

One Point

種類株主総会の開催時期

定款で定められた場合と会社法で定められた場合のみ開催で、定時種類株主総会といったものはない（法325条1項）。もちろん、種類株式を発行していない場合は、開催されない

07 会社の脅威「総会屋」とは

総会屋対策を怠ると、会社の存続の危機を迎えることも

株主の権利を濫用する総会屋

株主は株主総会で議決に参加したり、会社経営について説明を求める権利を持っています。１株（１単元）でも与えられる権利なので、これを悪用して株主総会の議事を阻害し、「それがイヤならば金銭を払え」などと要求する輩がいます。これらの行為をする、いわば会社を脅すプロの集団を**「総会屋」**といいます。

会社法では、株主平等の原則から、総会屋など特定の人に金品を与えることを禁止しています。これに違反すると、金品を与えた取締役などは、その相当額を会社に返金するとともに、罰則が科されます。総会屋を放置するのは、3年以上の懲役または300万円以下の罰金という重いものです。

もちろん総会屋自身も、利益供与要求罪や場合によっては刑法の恐喝罪などが適用され、処罰されます。

コンプライアンスとしての対策

しかし、昨今では総会屋が株主総会を混乱させるという話題を耳にしなくなりました。それは、前述した利益供与要求罪が新設されたことに加え、企業の法令遵守の姿勢（**「コンプライアンス」**）が強くなり、対策を強化したからです。

コンプライアンスには、会社が刑事罰を受けないようにする**「法的リスクの回避」**と、社会的な批判を受けないようにする**「社会信用リスクの回避」**の2点があります。

会社も、社会の一員であることを経営陣が深く理解し、社会のルールを守って健全に経営しなくてはいけないという考えの基に成り立っています。とくに、SNSなどネットが発達した現代では、ネガティブな情報が拡散し、企業を脅かすこともあります。これは、コンプライアンスに対する意識の低さが原因の1つだといわれます。

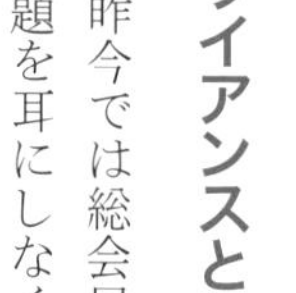

ポイント

厳しい法令で年々少なくなる総会屋

会社法の成立などで総会屋に対する規制が厳しくなっています。また、企業のコンプライアンスの高まりも相まって、総会屋は少なくなりました

総会屋対策をまとめておこう

最近は減少してるけど…、対策は必要ですね

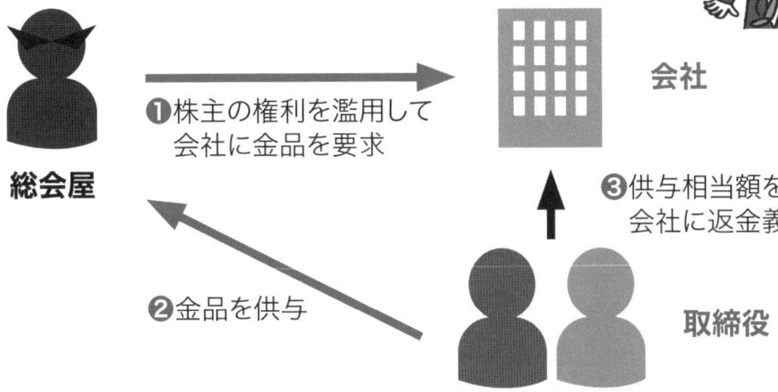

罰則		
	利益受供与罪	総会屋を放置し、金品を供与すると取締役等が対象に
	利益供与要求罪 利益受供与罪 恐喝罪	総会屋自身も金品をもらったり、脅したりすれば科せられる

ネットが普及した現代では、
ちょっとした油断が会社の信用を失墜させますね

違法行為で株主総会を乗り切ろうという
考え方を変えなければいけません

One Point
利益供与の禁止

会社法では株主に財産上の利益の供与をしてはいけないと定められている。この規制に違反した場合は、供与を受けたものは会社に返還しなければならないとする（法120条3項）

Memo
総会屋

総会屋にはいくつかの種類があり、「異議なし」「賛成」などと議事進行に協力する万歳屋といわれるものや「○○通信」などの冊子を発行し、広告料などの名目で資金提供を迫るものもある

08 「取締役」と「代表取締役」

非公開会社は取締役が1人でもいいが、公開会社は複数の取締役を選定し、代表取締役も選ぶ

株式会社は最低1人取締役を置く

株式会社は、必ず最低1人、会社の経営を担う**「取締役」**を置かなくてはなりません。取締役は株主総会で選任します。任期は原則として2年ですが、一定の範囲で定款で変更することもできます。

旧商法では、株式会社は3人の取締役を選び、取締役会を行うことが義務付けられていました。しかし、会社法では取締役は1人でもいいとし、**「取締役会」**の設置も義務ではなくなりました。

取締役会がない会社（➡P74）の場合、通常は株主が自分で経営を手掛けます。取締役が複数いる場合は、各取締役が会社を代表することができます。

取締役会が設置される会社の場合、通常、株主は経営に関わりません。そのかわり取締役会で、取締役たちが重要な事項を決定します。また、会社を代表する代表取締役を選定します。

会社の代表権を行使する代表取締役

会社を代表する**「代表取締役」**は、取締役会の構成員ですが、会社の機関としては取締役会から独立しています。会社の対外的な業務の一切を行う権限を持っており、会社の法人格としての行為を会社に代わって行う代表権を行使できます。つまり、代表取締役が会社のために行ったことは、すべて会社の行為とみなされます。

代表取締役は、株主総会や取締役会で決まったことを実行する業務執行権も持ちます。また、それ以外の事項を自分の判断で行うことも可能です。

代表取締役以外の取締役は、業務執行の意思決定に参加したり、代表取締役の監督などを担います。代表権のない取締役の行為は、会社の意思表示にはなりません。ただし、代表取締役が持つ業務執行権は、ほかの取締役に分け与えることもできます。

代表取締役は代表権と業務執行権を持つ

代表取締役は会社の法人格としての行為を会社に代わって行う代表権、株主総会や取締役会で決まったことを実行する業務執行権を持ちます

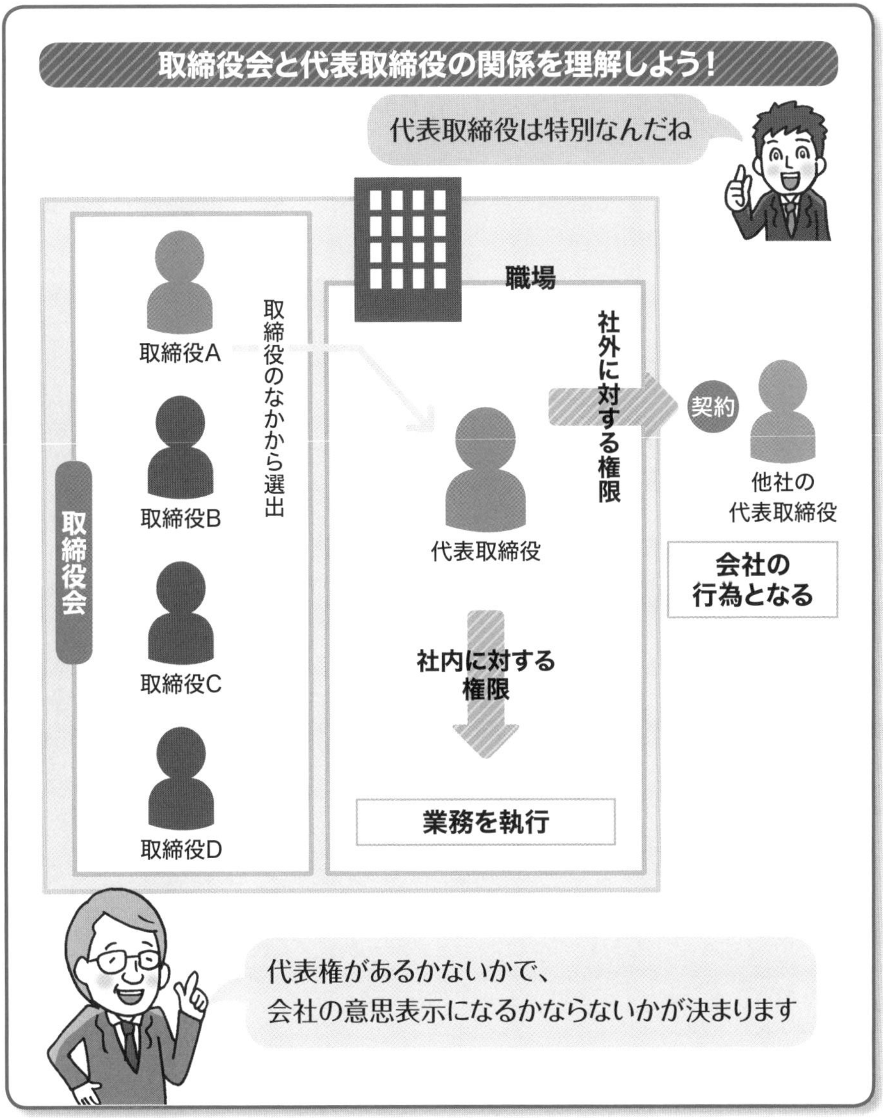
取締役会と代表取締役の関係を理解しよう！
代表取締役は特別なんだね
取締役会
取締役A
取締役B
取締役C
取締役D
取締役のなかから選出
職場
代表取締役
社外に対する権限
契約
他社の代表取締役
会社の行為となる
社内に対する権限
業務を執行
代表権があるかないかで、
会社の意思表示になるかならないかが決まります

Memo

取締役の資格

取締役は定款で、日本人に限るなど資格を制限することが可能。ただし、法定欠格者以外の自然人に限るとされる。また、使用人が取締役を兼務することは可能（法331条ほか）

取締役の任期

原則2年。ただし、定款や株主総会で短縮することが可能。監査等委員会設置会社、指名委員会等設置会社を除く非公開会社は、定款で定めることにより10年まで延期できる（法332条）

09 役員の責任を理解しよう！

取締役は義務違反に対して重い責任を持つ。ただし、善意かつ無過失の場合は免責の規定もある

義務違反の取締役は一定の責任を負う

取締役は会社を代表し、経営の意思決定をするという重要な役割を担います。したがって、大きな義務と責任があります。

取締役は、職務を執行するための高いレベルの注意義務が必要です（善管注意義務）。また、法令、定款、株主総会の決議を遵守し、忠実にその職務を執行しなくてはなりません（忠実義務）。これらの義務があることから、取締役は個人の利益のために会社の事業と同じ種類の事業を行ったり（競業）、ほかの会社と取引することなどが制限されています。

これらの義務に違反した場合、取締役は一定の責任を負うことになります。例えば、善管注意義務や忠実義務を怠り、違反配当、特定の株主への利益供与など、会社の損害になるような行為をした場合、会社は取締役に損害賠償を請求することができます。

善意・無過失なら責任の免除も

前記のような取締役の責任は、株主全員の同意を得れば免れることもできます。また、それが事実上不可能なときでも、責任を免除される場合があります。それは、取締役が職務を執行する際に法令や定款に違反することを知らず（善意）、かつ知らなかったことについて大きな不注意がなかった（無過失）ときです。

また、株主総会の特別決議（➡P72）で承認されれば（監査役がいる場合は監査役全員の同意も必要）、賠償額の一部を免除されます。

免除される金額は、原則として責任を負う取締役の年間報酬額の一定の年数分（最低責任限度額）を差し引いた残りです。一定の年数分とは、代表取締役で6年分、一般の取締役で4年分、社外取締役や監査役で2年分となっています。

ポイント

義務違反には一定の責任を負う

取締役には、善良なる管理者の注意義務、忠実義務、競業禁止などの義務があり、これに違反した場合は一定の責任を負います

取締役の責任の取り方をまとめよう

取締役が会社に対して負う責任

行為	注意義務程度	責任（賠償）
違法な配当をした	過失責任	違法配当額
特定の株主に利益供与	過失責任 （利益供与した取締役は無過失責任）	利益供与額
利益相反取引	過失責任 （実際に取引を行った取締役は無過失責任）	会社に与えた損害額
その他の違反行為	過失責任	会社に与えた損害額

※過失責任が行為をしたときに過失があった場合に責任を負うことに対し、無過失責任は過失がない場合にも責任が生じる

責任の減免が受けられる場合

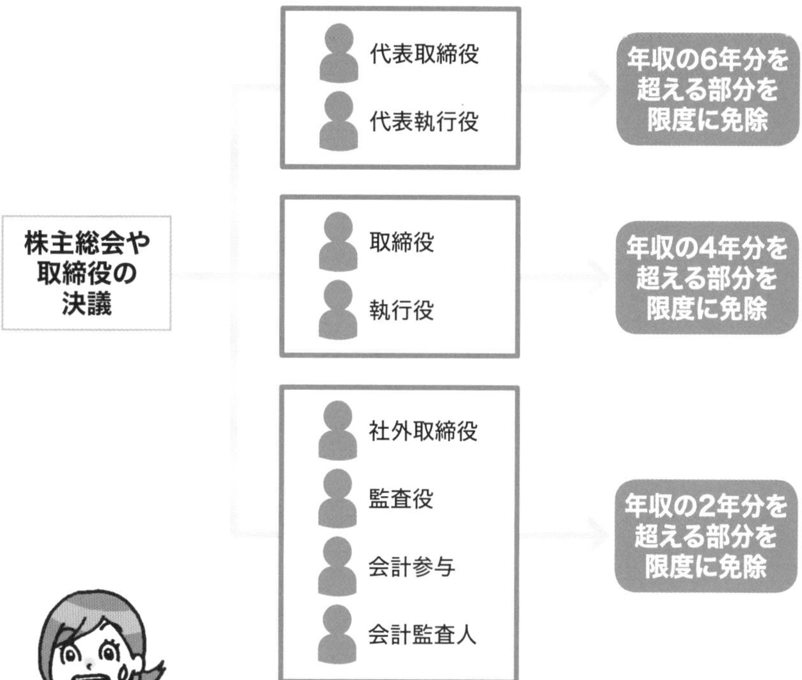

取締役には大きな責任があるんですね

10 「取締役会」の仕組みと機能

経営について様々な決定をするのが取締役会。おもに決議・承認事項と報告事項について議論する

経営に関する意思決定をする

前に述べたように、会社法では**「取締役会」**の設置は義務付けられていません。しかし、株式に譲渡制限がない公開会社は、必ず取締役会を設置することになっています。取締役会を置く場合、取締役は3人以上必要です。

取締役会は、株式会社の経営に関する意思を決定する機関です。取締役全員で構成される会議体であり、原則として各取締役が招集することができます。監査役が設置されていない会社の場合は、株主も取締役会の招集を請求できます。

招集手続は開催の1週間前までに通知を発送して行われるのが原則ですが、口頭で招集することも可能です。

取締役の過半数が出席すれば成立

取締役会で話される事項は、おもに2つに分けられます。

1つは**決議・承認事項**です。重要な事項は取締役が単独で決めるのではなく、取締役会で議論して決定します。会社法では、株主総会の招集、計算書類の承認、新株の発行、重要な財産の処分、多額の借り入れ、支配人らの人事などを取締役会で決議・承認することと定めています。

もう1つの事項は、**取締役の職務執行についての報告**です。代表取締役と業務執行取締役は、最低3か月に1回、取締役会で職務の執行状況を報告しなくてはなりません。

なお、取締役会は取締役の過半数が出席すれば成立し、決議・承認事項は出席した取締役の過半数の賛成で可決することができます。取締役の決議への参加は、テレビ会議や会議用電話によるものでもかまいません。また、一定の条件を満たせば、書面やメールでの同意でも議案を可決することができます。

決議・承認事項と職務の報告事項について議論

取締役会は、株式会社の経営に関する意思を決定する会議体。株主総会の招集をはじめ、様々な会社の決定・報告を行います

取締役会の開催方法を覚えよう

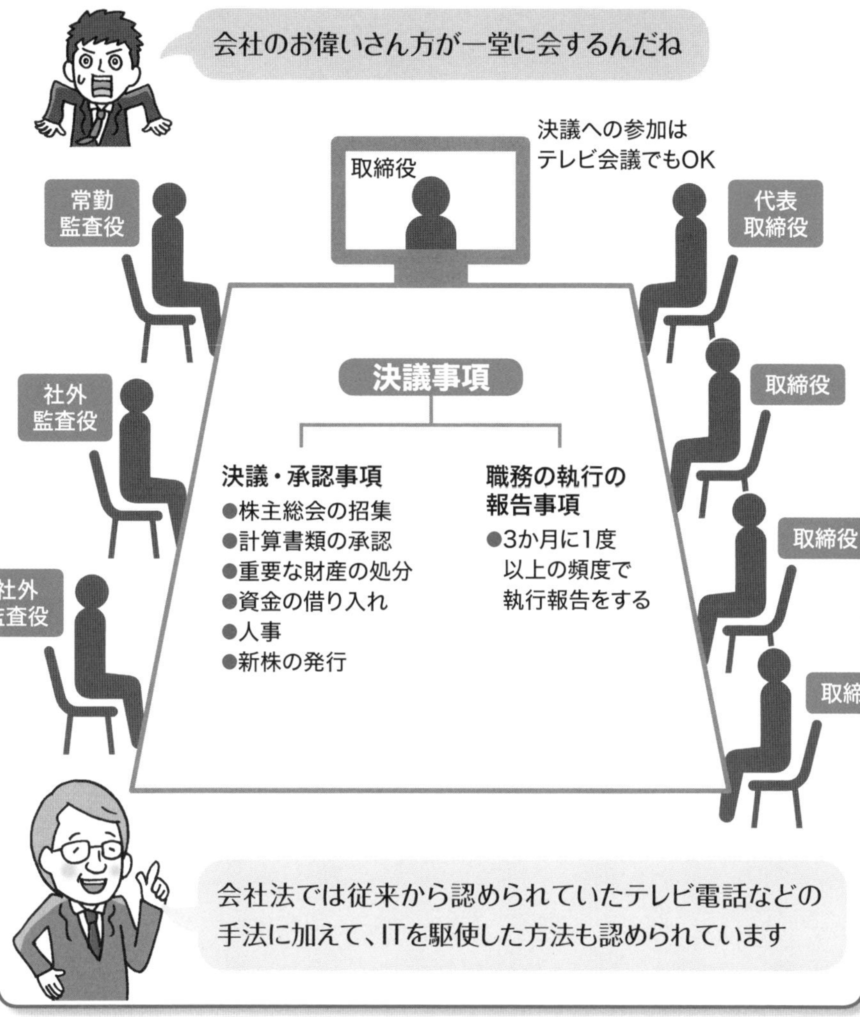

Memo

一人会社の取締役会決議

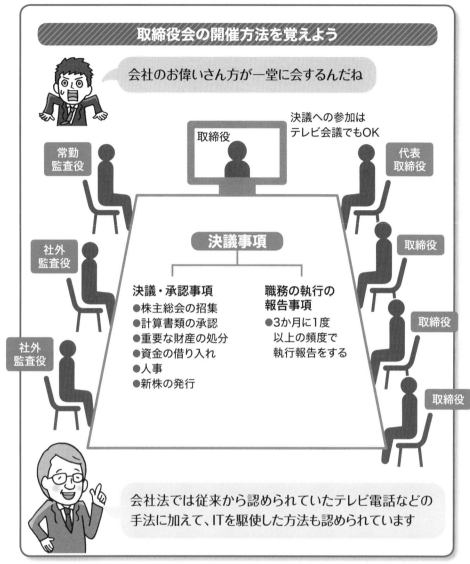

株主が1人のいわゆる「一人会社」の株式会社の場合、会社法上では要求しているものの、「取締役会決議は不要」との判例が出ている

取締役会の招集

取締役会は常設の機関ではないので、必要に応じて、手続きを経て招集されることになる。ただし、取締役・監査役の全員が同意すれば、招集なしの取締役会を開くことも可能

11 「執行役」と「代表執行役」

指名委員会等設置会社では、取締役会で執行役や代表執行役を選んで経営を任せる

指名委員会等設置会社で業務を実行

　取締役会と会計監査人（➡P96）を置く会社は、**「指名委員会等設置会社」**（➡P98）になることができます。指名委員会等設置会社では、取締役会は経営者の監督に徹し、経営の重要な意思決定や業務執行を経営者に任せます。

　指名委員会等設置会社で経営者の役割を担う人を**「執行役」**といい、執行役が会社の業務を決定・実行します。執行役は取締役会で選定され、業務の執行をすべて任せることになります。なお、執行役は取締役でなくてもかまいません。任期は原則として1年です。

　指名委員会等設置会社には、代表取締役は存在しません。対外的に会社を代表する業務は、**「代表執行役」**が担います。執行役が2人以上いる場合は、誰か1人が代表執行役となります。

　執行役は、取締役会から求められれば取締役会で業務について説明します。また、求められなくても、3か月に1回、執行状況を取締役会に報告しなくてはなりません。

「執行役員」は役員ではない？

　執行役と同じような肩書きで、**「執行役員」**という名称を聞くことがあります。しかし、執行役員は執行役とは関係なく、会社法上の役員ではありません。ビジネスが多様化し、取締役会制度だけではまかなえきれなくなった役割を請け負う、自然発生的な役目といえます。通常の役員が持つ義務も責任もありません。

　執行役員は、取締役会で選ばれ、通常は代表取締役などのもとで、特定の業務執行の一部を担います。

　取引先などの名刺に「執行役員」とあった場合は、指名委員会等設置会社の執行役と取り違えないように、注意しましょう。

ポイント

指名委員会等設置会社の業務を実行

指名委員会等設置会社では、執行役を選び、執行役が会社の業務を決定・実行します。対外的に会社を代表する業務は代表執行役が行います

執行役は、委員会の業務を執行する

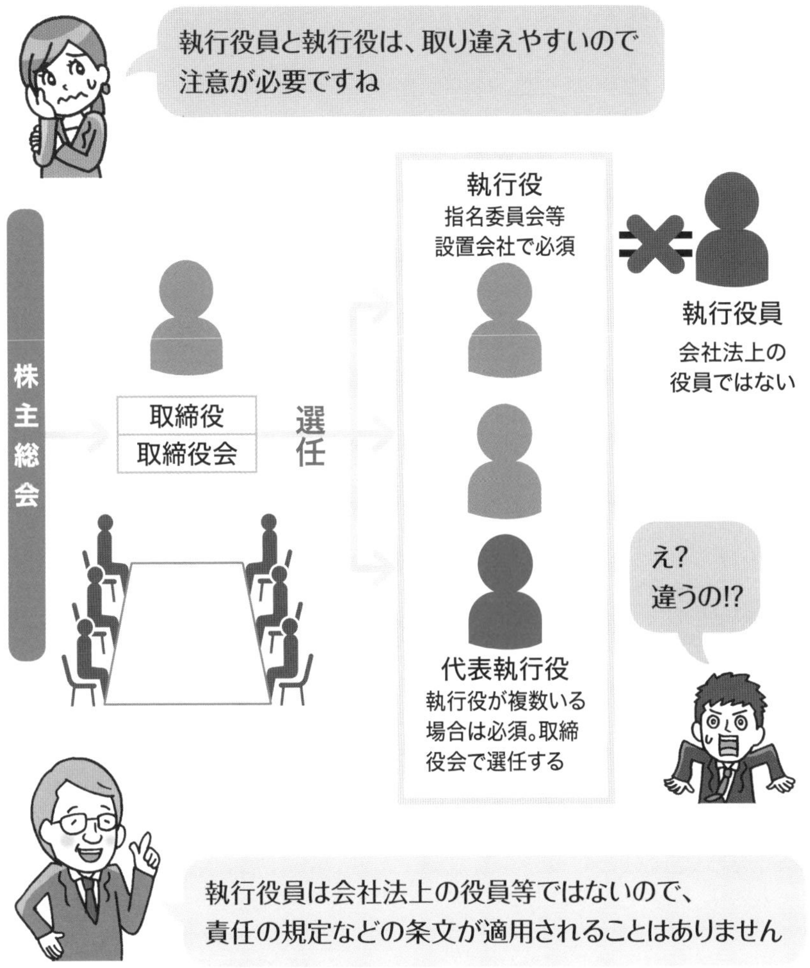
執行役員と執行役は、取り違えやすいので
注意が必要ですね
株主総会
取締役
取締役会
選任
執行役
指名委員会等
設置会社で必須
代表執行役
執行役が複数いる
場合は必須。取締
役会で選任する
執行役員
会社法上の
役員ではない
え？
違うの!?
執行役員は会社法上の役員等ではないので、
責任の規定などの条文が適用されることはありません

One Point

執行役と執行役会

執行役が複数いる場合には、取締役会から委任された業務を決定・遂行するための執行役会ともいえる会議体を作ることができる。ただし、会社法では特に規定がない

Memo

執行役の任期

執行役の任期が1年と短いのは、毎年取締役会のチェックを受けるため。また、取締役会は、いつでも執行役を解任することが可能。取締役会の監督義務が大きいといえる（法402条）

12 会社を監査する？「監査役」とは

取締役の経営をチェックするのが監査役。不正などがあれば、株主総会に報告する義務を負う

取締役の経営をチェックする

「監査役」は、株主に代わって取締役の経営をチェックする人（機関）です。

一般的には、監査役を置くかどうかは株主の意思で決めます。株式を公開していない会社で取締役会がなく、しかも大会社でもない場合は、監査役の代わりに会計参与（⬇P96）を置いてもかまいません。

ただし、公開会社かつ大会社は、監査役会（⬇P88）を置くか、委員会設置会社（⬇P98）になるかを選ぶことが義務付けられています。

株主総会で選任される監査役には、特別な資格は必要ありません。公開会社では、定款によって監査役の資格を株主に限ることはできないことになっています。また、監査役はその会社や子会社の取締役または管理職などの支配人、その他の従業員などの使用人を兼任することはできません。

任期は取締役の倍の4年

監査役の任期は原則として、取締役が2年であるのに対し、倍の4年です。任期が長めに決められているのは、監査役の独立性を確保するという理由によります。

取締役会に出席する義務があり、必要と判断した場合は、監査役自ら取締役会を招集することもできます。

さらに監査役は、取締役に対して会計監査と業務監査（⬇P90）を行い、不正などがあれば、株主総会に報告します。その権限はとても大きいといえます。

なお、監査役が事実と異なる報告をしたり、違法行為などを行って会社が損害を受けた場合は、損害賠償の責任を負います。監査役の責任は取締役並に大きいといっても、過言ではありません。

取締役の経営をチェックする

監査役の仕事は、株主に代わって取締役の経営内容をチェックすること。株主総会で選任され、任期は4年。特別の資格は必要ありません

監査役の役割をきちんと理解しよう

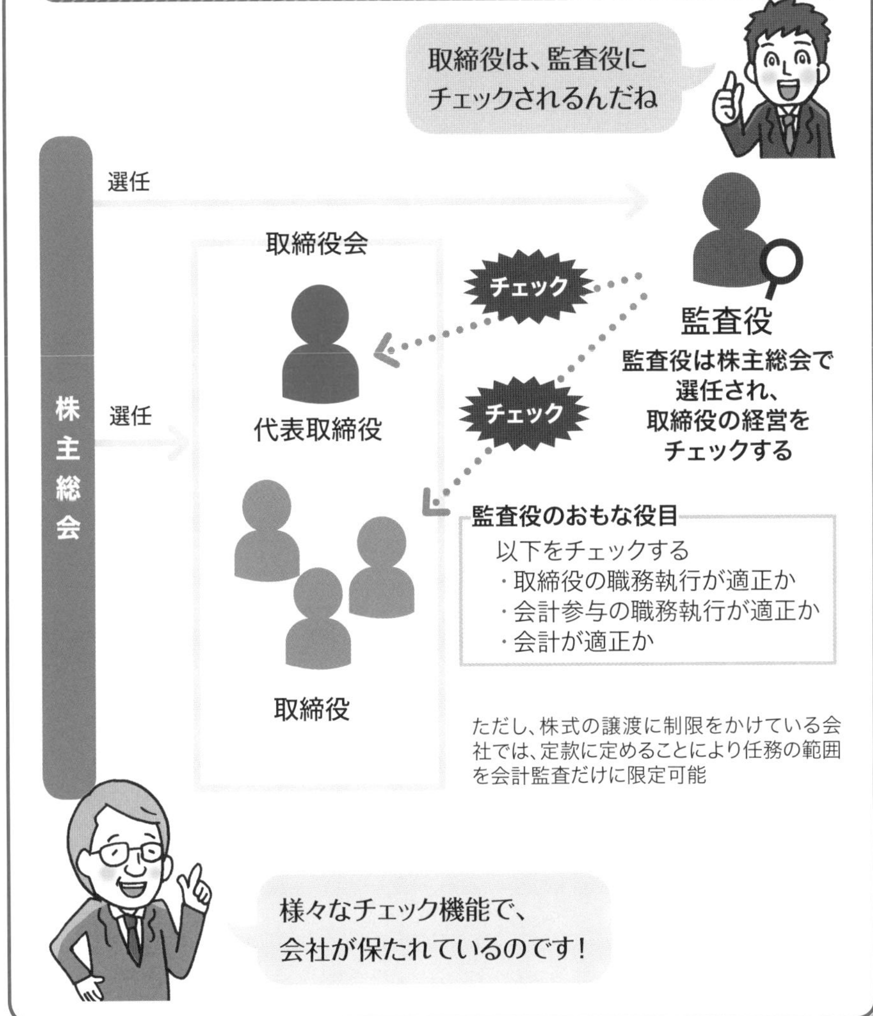
取締役は、監査役にチェックされるんだね
選任
株主総会
選任
取締役会
代表取締役
取締役
チェック
チェック
監査役
監査役は株主総会で選任され、取締役の経営をチェックする
監査役のおもな役目
以下をチェックする
・取締役の職務執行が適正か
・会計参与の職務執行が適正か
・会計が適正か
ただし、株式の譲渡に制限をかけている会社では、定款に定めることにより任務の範囲を会計監査だけに限定可能
様々なチェック機能で、会社が保たれているのです！

Memo

監査役をおけない場合

後述する指名委員会や報酬委員会などの委員会を設置する会社では、監査を行う委員会が存在するため、監査役を置くことはできない（法327条4項）

社内監査役と社外監査役

社内監査役は、過去にその会社の役員や従業員などの経験がある社内出身の監査役のこと。一方、社外監査役は、過去にその会社と関係がない社外出身の監査役のこと（➡P94）

13 「監査役会」の機能を押さえておこう

監査役設置会社である公開大会社は、3人以上の監査役で構成される監査役会を置く

3人以上の監査役で構成される

取締役会がある会社は、監査役を構成メンバーとした**「監査役会」**を置くことができます。監査役会は、3人以上の監査役で構成される機関です。

公開大会社は、委員会設置会社（⬇P98、104）でなければ、監査役会を置くことが義務付けられています。監査役会がある会社を監査役会設置会社といいます。

監査役会は、その独立性を保つために、半数以上を社外監査役（⬇P94）にしなくてはなりません。監査役会を構成する監査役が3人なら、そのうち1人は常勤監査役、2人は社外監査役である必要があるということです。

過半数で決議を行う

監査役会のおもな役割は、会社の不正のチェックです。法律では、監査報告の作成のほか、常勤の監査役の選定と解職、監査の方針、会社の業務・財産の調査方法、その他の監査役の職務執行に関する事項の決定などを行うことが義務付けられています。監査の結果は、株主に報告しなければなりません。

会の議長は、監査役のなかから決定します。役割は、監査役会を招集するほか、監査役会の委嘱を受けた職務です。なお、議長は、各監査役の権限を妨げてはいけません。

監査役会は、代表取締役とも定期的に会合を持ち、監査上の重要課題などについて意見を交換します。監査方針や状況も、代表取締役や取締役会に適宜報告します。

監査役会を構成する各監査役は、分担や調査方法を決めて、独自に監査を行います。そして、その結果を持ちより、過半数で決議を行います。ただし、監査意見を多数決で一本化する必要はありません。

監査役会の半数以上は社外監査役

監査役会設置会社の監査役会は、3人以上の監査役で構成されます。その独立性を保つために、監査役会は半数以上が社外監査役でなくてはなりません

監査役会の役割とは

監査役会が必要な会社を確認しておきましょう

[強い権限のある監査役会]

社外監査役　常勤監査役　社外監査役

監査役会は常設の機関ではなく、
必要に応じて開催される

- **監査報告の作成**
- **常勤監査役の選定・解職**
- **監査方針などの決定**

過半数で決議される

1人1議決権がある。ただし、株主総会とは異なり、
他人に委任して議決権を代理行使することはできない

監査等委員会設置会社または指名委員会等
設置会社以外の大会社で公開会社は
監査役を置く必要があります。
今後のセクションで、それぞれを把握してください

Memo

常勤監査役

法390条3項で常勤の監査役を選定するとあるが、会社法で「常勤」は定義されていない。一般的にはフルタイムと解釈されるが、常勤でも複数の会社を兼務する例があるのも現実だ

One Point

監査役会の運営

常設の機関ではないので、必要に応じて招集、開催される。監査役全員の同意があれば、定例日に招集なしで開催することも可能（法391条）。招集権は個々の監査役にある（法392条）

14 監査役の責任を理解しよう！

▼取締役が不正をしようとしたとき、またはそのおそれがあるとき、監査役は取締役会に報告する

会計と業務を監査する

取締役の経営をチェックする監査役には、株主の権利を守る大きな責任があるといえます。

監査役の役割は、おもに2つあります。1つは会計監査、もう1つは業務監査です。

「会計監査」は、会計帳簿や決算書類が会社の業績や財産状態を適正に示しているかどうかを確認するものです。会計の専門家である**「会計監査人」**（➡P96）がいれば、会計監査人が中心になって行います。

「業務監査」は、取締役の業務が法令や定款に違反していないかを確認するものです。会計監査人がいる場合は、監査役の仕事は通常、業務監査が中心になります。

なお、非公開会社であれば、定款で定めることで、監査役の役割を会計監査に限定することも可能です。

取締役の不正を株主に報告する

経営全般を監査する監査役には、取締役の不正を発見するための権限と、不正を発見したときの権限があります。

不正を発見するために、監査役は取締役会に出て意見を述べたり、事業の報告を求めたりすることができるのです。

また、従業員や子会社を対象とした調査をすることも可能。親会社の不正が、子会社を通じて行われるのはよくあることです。

取締役が不正をしようとしたとき、またはそのおそれがあると認めたときは、取締役会にそれを報告します。実際に違法行為があった場合は、株主にも報告します。

取締役の行為が会社に大きな損害を与えるおそれがある場合は、監査役は、裁判所にその行為の差し止めを請求することができます。

幅広い監査の権限と義務を持つ

監査役はおもに会計監査と業務監査を行います。不正を発見するために取締役会に出て意見を述べたり、事業の報告を求めたりすることが職務です

ポイント

監査役の権限をまとめてみよう

会社が間違ったことをしないように
チェックしているのよ

スパイみたいだなぁ

監査役会の権限

会計監査 ……… 計算書類と帳簿をチェックする

業務監査 → 適法性監査
　　　　 → 妥当性監査

●取締役の不正をチェック！

監査役

不正発見！ → 取締役会（報告する） → 差止権

大きな損害のおそれがあるときは裁判所に差し止めを請求できる

●違法なことをしていないかをチェック
●妥当性を欠くことをしていないかをチェック

一部の人たちの不正で会社に損害が出ることを
未然に防いでくれるのです

Memo

監査役会の議事録

監査役会の議事録は10年間本店に備え置くことが義務付けられている（データでも可能）。これには出席した監査役全員の署名または記名押印が必要となる（法393条、規則109条）

監査役会での異議

監査役会の決議に反対した監査役は、議事録に異議をとどめておく必要性がある。仮に議事録に記載がないと決議に賛成したものと推定され、不利益を受けることもある（法393条4項）

15

社外にもいるの？「社外取締役」とは

社内の取締役とともに会社の意思決定に参加し、必要があれば代表取締役や他の取締役を監督する

代表取締役にも意見を言える

取締役会がある会社では通常、代表取締役が議長を務めます。すると、上下関係から他の取締役が代表取締役に強くものが言えない場合もあり得ます。それでは、取締役会が代表取締役の経営を監督することがむずかしくなります。

そこで、しがらみのない立場から代表取締役に意見を言える取締役が必要になります。その役割を担うのが「**社外取締役**」です。

社外取締役は、以下の条件を充たした者でなければなれないと決められています。

❶その会社または親会社、子会社、兄弟会社の業務執行取締役や執行役、支配人、その他使用人ではない

❷過去10年以内にその会社または子会社の業務執行取締役や執行役、支配人、その他使用人になったことがない

❸その会社の業務執行取締役や執行役、支配人、その他使用人の配偶者、２親等内の親族ではない

会社の業務を行うことはできない

社外取締役は、取締役会に出席し、社内の取締役とともに会社の意思決定に参加します。必要があれば、代表取締役や他の取締役の監督をします。

しかし、会社の業務を行うことはできません。

もちろん社外取締役も、違法行為で会社に損害を与えた場合は、損害賠償の責任を負います。ただし、免除できない金額が通常の取締役より低く、年間報酬額の2年分（最低責任限度額）となっています。

なお、社外取締役の設置は任意ですが、指名委員会等設置会社、監査等委員会設置会社は、必ず社外取締役を委員会の過半数、置かなくてはなりません。また、令和元年の会社法改正で、上場会社等については、社外取締役を置くことが義務づけられました。

ポイント

しがらみのない立場で取締役会に参加

社外取締役は、しがらみのない立場で取締役会に参加して、社内の取締役を監督し、意見を述べます。ただし、原則としてその会社の業務を行うことはできません

社外取締役制度で取締役会を監視

間違った経営にブレーキをかける
役目を担っているのね

●委員会の過半数は社外取締役に

委員会

■会社と利害関係のないものが、取締役会を監督することで会社の健全性を保つ目的

平成26年会社法改正

指名委員会等設置会社、監査等委員会設置会社は、必ず委員会の過半数以上の社外取締役を置く

令和元年会社法改正

上場会社等は、社外取締役を置かなければならない

●社外取締役の条件

社外取締役

■しがらみのない立場で、代表取締役に意見を言える人

①その会社または親会社、子会社、兄弟会社の業務執行取締役や執行役、支配人、その他使用人ではない

②過去10年以内にその会社または子会社の業務執行取締役や執行役、支配人、その他使用人になったことがない

③その会社の業務執行取締役や執行役、支配人、その他使用人の配偶者、2親等内の親族ではない

社外取締役の設置は、令和元年の
会社法改正で、強制されました（上場会社等）

Memo

令和元年改正会社法での社外取締役

株式会社と社外取締役とのあいだに利益の相反状況があっても、取締役会が社外取締役に委託した業務については、社外取締役がこれを執行しても社外性は失われない。

One Point

上場会社等の社外取締役

東京証券取引所などは、上場会社は2人以上の独立社外取締役を選任しなくてはいけないことを平成27年に決定している（しない場合は、説明責任が求められる）。

16 監査も社外から？「社外監査役」とは

監査役会は、より厳格な監査をするためにその半数以上を社外の監査役が務めることになっている

監査役会の半数が社外監査役

「社外監査役」は、監査役会（⬇P88）で必要とされる人（機関）です。監査役会の監査役は、その半数以上が社外監査役であることが義務付けられています。

第三者的な立場から監査をする社外監査役には、より厳格に不正をチェックする能力・機能が求められます。

社外監査役も社外取締役と同様、平成26年会社法改正で、資格要件が以下のように変更されています。

❶過去10年以内にその会社または子会社の取締役等ではなかった

❷現在、その会社を支配する個人、または親会社の取締役、監査役、執行役、支配人その他の使用人ではない

❸現在、その会社の兄弟会社の業務執行取締役等ではない

❹その会社の取締役、支配人その他の重要な使用人またはその会社を支配する個人の配偶者、二親等内の親族ではない

社外役員の候補者不足のおそれも

ちなみに、社外取締役と社外監査役を合わせて「社外役員」といいます。

なお、平成26年会社法改正で、社外役員になれない人の範囲が広がりました。これは、これまで以上に社内の影響を受けない立場で発言する人に経営に関わってもらうことで、より健全な経営を維持するという目的のためです。

コーポレートガバナンス（⬇P208）のためには、社外役員の資格要件を厳しくすることは、有効といえます。しかし、資格のある人がそれだけ少なくなるので、候補者探しに時間がかかるおそれもあります。

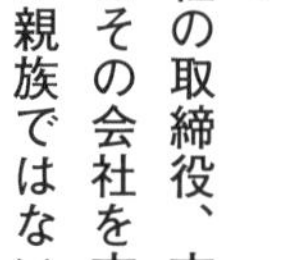

第三者的な立場から監査を行う

監査役会の監査役は、その半数以上が社外監査役でなくてはなりません。社外監査役には、第三者的な立場から厳格に監査をすることが求められています

社外監査役の要件は厳しい！

平成26年に要件が改正されました

❶ 就任前の10年間にその会社、または子会社の取締役、会計参与、執行役、支配人その他使用人であったことがないこと

10年間、その会社と関係がなかったってことだね

❷ 就任前の10年間にその会社や子会社の監査役だった場合、監査役就任前の10年間のあいだ❶に該当してはいけない

20年前にもさかのぼって関係がないことが必要なのね

❸ その会社の親会社などの取締役、監査役、執行役、支配人その他使用人でないこと

❹ その会社の親会社の子会社の業務執行取締役でないこと

❺ その会社の取締役、支配人その他使用人、または親会社に関係する配偶者、二親等以内の親族でないこと

その会社に関係性がある人は、
原則として社外監査役にはなれないということですね

条件がかなり厳しいので、なかなか
なり手がいないこともあります

One Point

「過半数」と「半数以上」

監査役会の監査役は3人以上でその半数以上が社外監査役と定めている（法335条3項）。過半数ではなく、半数以上なので、半数（10人なら5人）でもいい

監査システムの刷新

平成26年会社法改正で監査等委員会設置会社（→104ページ）が設けられた。これは、委員会設置会社がなかなか普及しなかったことへの反省から改正されたものだ

17 「会計監査人」と「会計参与」とは

会社の計算書類にかかわるのは会計のプロ。それを専門に行う2つの機関がある

計算書類をチェックする会計監査人

「会計監査人」は、会計の専門家として会社の計算書類（⬇第4章）をチェックする人（機関）です。

会社の計算書類を作るのは、本来は取締役らの仕事です。しかし、専門家ではないので、取締役が作った書類が、正確な会社の業績や財産状態を示しているとは限りません。そこで、会計監査人が取締役の作った書類をチェックすることで、適正な書類であることを担保します。

会計監査人になれるのは、公認会計士や監査法人だけで、株主総会で選任されます。ただし、大会社以外の会社は、会計監査人を置く義務はありません。

会計監査人は、いつでも会社の帳簿資料を閲覧でき、また取締役や従業員に会計に関する報告を求めることができます。監査の途中で不正や違法を見付けた場合は、監査役や監査役会、あるいは指名委員会等設置会社の監査委員会、監査等委員会設置会社の監査等委員会（⬇Ｐ１０４）に報告する必要があります。

計算書類を作成する会計参与

一方、**「会計参与」**は、会社の計算書類の作成を担当する人（機関）です。第三者的な立場から計算書類を見る会計監査人と違って、会計参与は社内の経理専門役員という立場になります。

会計参与になれるのは、会計監査人と同じく、公認会計士、または税理士です。株主総会で選任され、会社の帳簿資料を閲覧でき、取締役や従業員に報告を求めることができるのも会計監査人と同様です。決算（⬇Ｐ１１４）に関する取締役会や株主総会に出席し、計算書類について説明する役割も担います。

なお、会計監査人も会計参与も、会社に損害を与えた場合は、損害賠償責任を負います。

ポイント

会計の専門家として計算書類にかかわる

会計監査人は、会計の専門家として社外から会社の計算書類をチェックします。会計参与は、社内で会社の計算書類を作成します

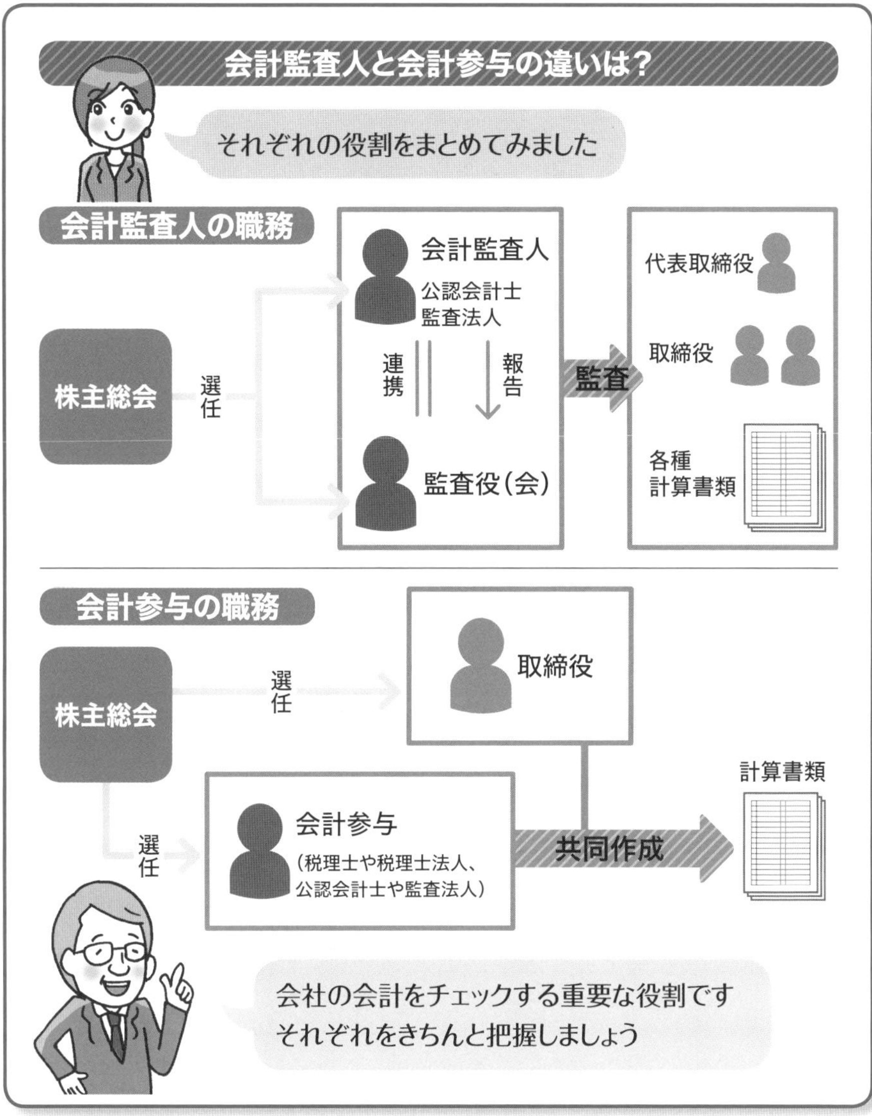

One Point

会計監査人の義務と報酬

会計監査人は会社法と民法により、善管注意義務(善良な管理者としての注意義務)を負っている(法330条、民法644条)。その報酬には監査役の同意が必要(法399条1項)

不正行為の報告

監査等委員会設置会社では、報告先は監査等委員会になる。しかし、指名委員会等設置会社では、執行役や取締役の不正行為の報告先は監査委員会となる(法397条4項、5項)

18 「指名委員会等設置会社」とは

取締役会と3つの委員会が執行役をモニタリングすることで、経営の透明性を確保する

3つの委員会が設置される

以前は「委員会設置会社」（旧商法下では「委員会等設置会社」）と呼ばれていた形態の会社は、平成26年改正会社法で、**「指名委員会等設置会社」**に名称が変更されました。

指名委員会等設置会社には、株主総会、取締役会、執行役、代表執行役が置かれ、代表取締役と監査役会はありません。執行役が業務を行い、それを取締役会が監督することになります。

あとで解説する「監査等委員会設置会社」（⬇P104）とは、体制が異なっています。こちらの委員会は、監査等委員会のみで、平成26年会社法改正で登場した新しいシステムです。

指名委員会等設置会社の取締役の任期は1年で、監査役設置会社の取締役の半分です。これは、取締役会は計算書類の承認や執行役の監督など大きな権限を持つので、株主の信任チェックが毎年必要という理由によります。

委員の過半数は社外取締役

指名委員会等設置会社の取締役会のなかには、**「指名委員会」「監査委員会」「報酬委員会」**が置かれます。また、監査委員会とともに会計監査を担う会計監査人も必ず置く必要があります。

３つの委員会のメンバーは、取締役のなかから選ばれます。各委員会の委員は3人以上必要で、その過半数は、必ず社外取締役でなくてはなりません。

それぞれの委員会の招集権は、それぞれの委員にあり、原則として委員会の1週間前までに招集を通知しなければなりません。過半数以上の委員が出席していれば、出席した委員の過半数で議決できます。

指名委員会等設置会社は企業が法令を遵守し、効率的な経営を行うために、指名委員会が取締役の人事権を握り、監督機能を高めているのです。

ポイント

取締役会が執行役を決定・監視する

指名委員会等設置会社では、取締役会が執行役を決定・監視し、執行役が会社の業務を決定・実行します。委員の過半数は社外取締役です

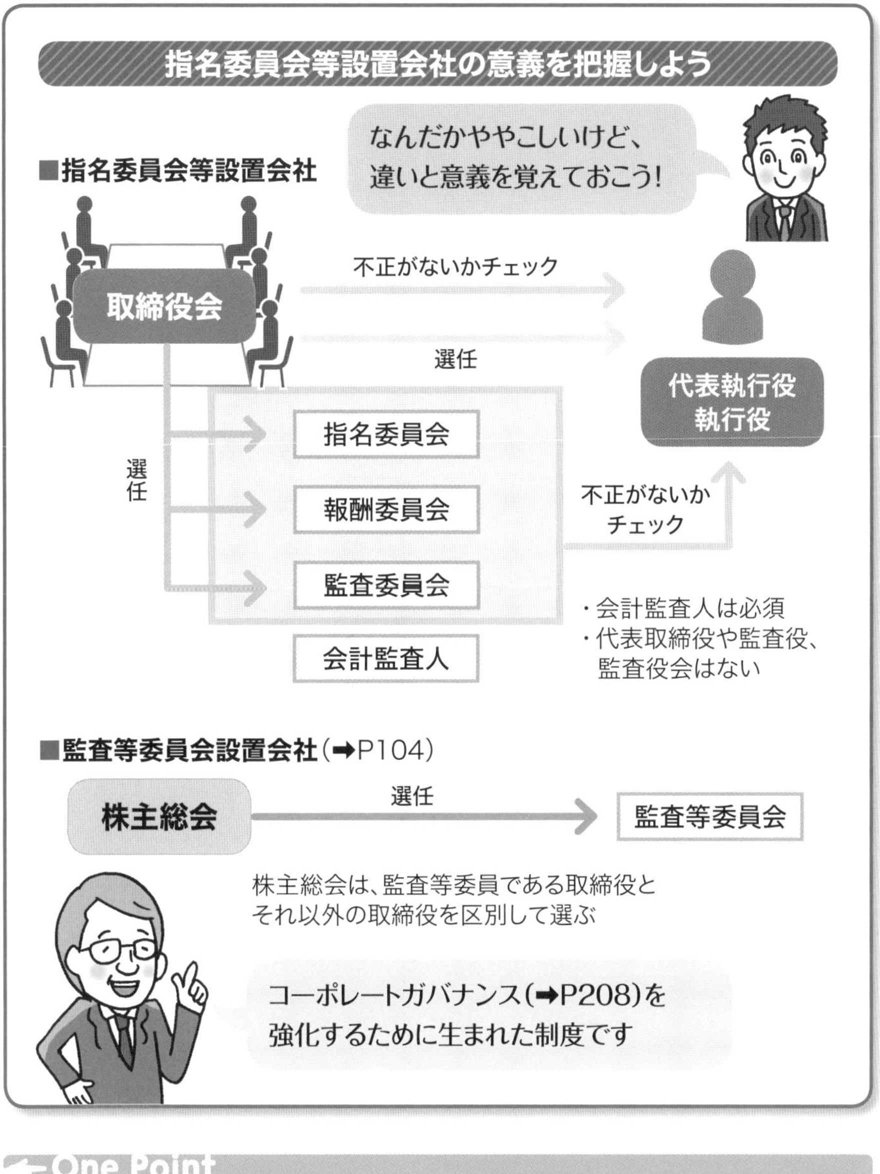

指名委員会等設置会社の意義を把握しよう
なんだかややこしいけど、
違いと意義を覚えておこう!
■指名委員会等設置会社
取締役会
不正がないかチェック
選任
代表執行役
執行役
選任
指名委員会
報酬委員会
監査委員会
会計監査人
不正がないか
チェック
・会計監査人は必須
・代表取締役や監査役、
監査役会はない
■監査等委員会設置会社(➡P104)
株主総会
選任
監査等委員会
株主総会は、監査等委員である取締役と
それ以外の取締役を区別して選ぶ
コーポレートガバナンス(➡P208)を
強化するために生まれた制度です

One Point

不人気だった「委員会設置会社」

平成14年の商法改正で登場した委員会設置会社だが、社外取締役の多い指名委員会が株主総会に取締役選任の議案を提出することから抵抗感が強く、普及にいたらなかった

3つの委員会

指名委員会、報酬委員会、監査委員会の3つは、法404条で規定されている。これらの権限を取締役会の権限としないことで、コーポレートガバナンスの強化を図る

19 「指名委員会」「報酬委員会」の役割

指名委員会は取締役の選任・解任の議案を、報酬委員会は執行役らの個人別報酬の内容を決める

取締役の人事権を持つ指名委員会

「指名委員会」の役割は、株主総会に提出する取締役の選任・解任の議案を決定することです。

指名委員会が決定したこの議案は、株主総会で可決されたとき絶大な効力を持ち、取締役会や執行役は、この議案を覆したり変更することはできません。

取締役が代表執行役を兼ねている場合、指名委員会等設置会社の代表執行役は、代表取締役と同じように見えます。しかし、指名委員会等設置会社の代表執行役には、指名委員会等設置会社でない代表取締役のような人事権はありません。つまり指名委員会はその名のとおり、取締役等を指名できる人事権があるのが特徴です。

なお、会計参与がいる指名委員会等設置会社の場合は、会計参与の選任・解任についての議案も、指名委員会が決定します。

経営陣の報酬を決める報酬委員会

「報酬委員会」の役割は、執行役、取締役、会計参与に支払う個人別報酬の内容を決定することです。執行役の報酬を社外取締役が過半数を占める委員会が決めることで、その決定過程や金額に透明性を持たせるのが目的です。

指名委員会の取締役の選任・解任についての議案の内容が、株主総会で可決されたときのみ効力を発揮するのに対し、報酬委員会が決める報酬の内容は株主総会の決議を経ないで決定することができます。

「個人別報酬の内容」とは、報酬額が決まっているなら金額を、報酬額が決まっていないなら算出方法を、金銭以外の報酬を与える場合は具体的な内容をそれぞれ個人別に決めることです。報酬委員会は、報酬の面で執行役などを監督しているのです。

ポイント

取締役の選定と報酬決定に関わる委員会

指名委員会は、取締役の選任・解任についての議案を決定。報酬委員会は、執行役、取締役、会計参与に支払う個人別報酬の内容を決定します

指名委員会と報酬委員会の役割

指名委員会と報酬委員会は、会社の主要な決定にかかわっているんですね

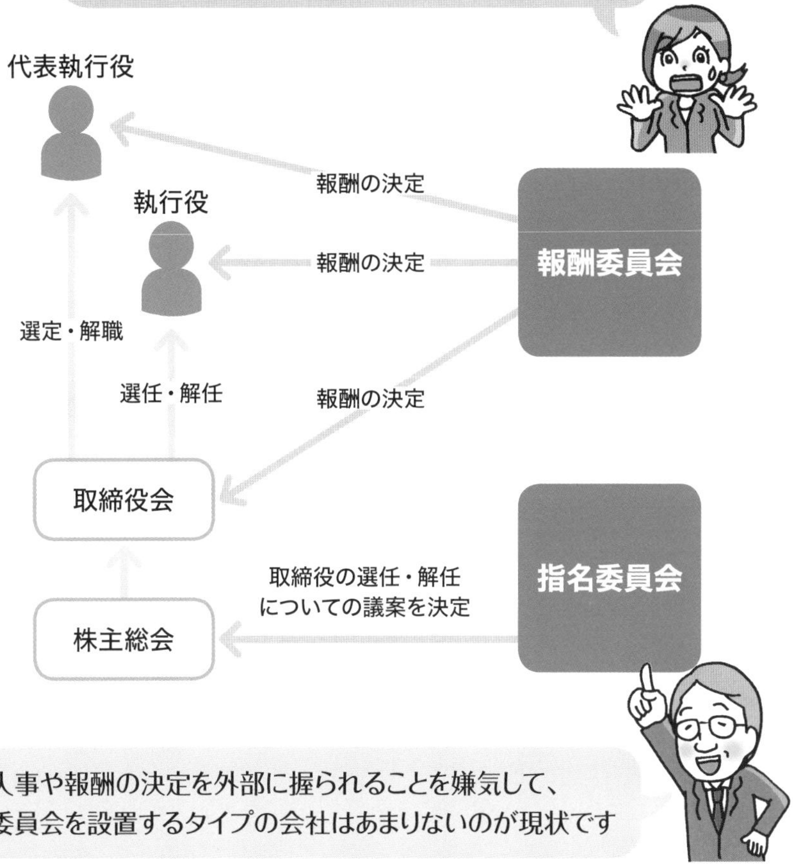

人事や報酬の決定を外部に握られることを嫌気して、委員会を設置するタイプの会社はあまりないのが現状です

Break Time 任意の指名・報酬委員会を採用した「セブン&アイHD」

コンビニチェーン・セブン-イレブンなどを運営するセブン&アイホールディングスは、監査役会設置会社であるが、委員会等設置会社ではない。しかし、コーポレートガバナンス強化のため、指名委員会と報酬委員会を設置。これにより、同社の人事は創業家の思惑に左右されることなく進んだとされる。会社法上、このような機関設計も可能なのだ

20 「監査委員会」の役割とは

監査委員会の役割は執行役と取締役、会計参与の監督。会計監査と業務監査も手がける

執行役らの職務執行を監督

「監査委員会」の役割は、執行役と取締役、会計参与の職務執行を監督し、監査報告書を作成することです。取締役会だけでなく、社外取締役が過半数の監査委員会が執行役を監督することで、より厳重な監督をすることができます。

監査委員会の監査範囲は、**「会計監査」**と**「業務監査」**両方を含みます。業務監査には適法性の監査だけでなく、妥当性の監査も含まれると解釈されています。

監査委員会が選定した監査委員は、いつでも執行役らに報告を求めるなどの調査ができます。このとき、問題があった場合には、すぐに取締役会に報告しなくてはなりません。

執行役や取締役の不正行為を発見したときは、監査委員はその行為の差し止めを求めることができます。また、会計監査人が執行役や取締役の不正行為を発見したときは、すぐに監査委員会に報告しなければなりません。

なお、第三者以外のチェックを受けないで行う「自己監査」を防ぐ必要があるので、当該会社や子会社の執行役、会計参与、使用人などは監査委員を兼ねることができません。

会計監査人の選任・解任も行う

監査委員会は、株主総会に提出する会計監査人の選任・解任についての議案内容の決定も行います。取締役会などは、これを変更することができません。

会計監査人が職務義務違反を犯したときは、監査委員会は、これを解任する議案を株主総会に提出することができます。会計のプロである会計監査人は重大な役割を担っているので、適正な人材を維持することが大切です。そこで、監査委員会に解任議案の決定権限を与えています。

監査範囲は会計・業務両方を含む

監査委員会は、執行役と取締役、会計参与の職務執行を監督し、監査報告書を作成。監査範囲は会計監査と業務監査両方を含んでいます

監査委員会の権限をまとめてみよう

監査委員会の役割は多岐にわたりますね

監査委員会

・執行役・取締役・会計参与の職務執行の監督
・監査報告書の作成
・株主総会に提出する会計監査人の選任・解任の議案内容の決定

- 業務監査
  - 適法性監査
    取締役の職務執行が、法令・定款に適合しているかを監査
  - 妥当性監査
    取締役の職務執行が妥当であるかを監査
- 会計監査

■**報告を求める権利**

監査委員会が選定した監査委員は、必要があればいつでも執行役や従業員に報告を求めることができる(子会社を含む)

違法発覚! → すぐに差し止めの請求が可能

指名委員会や報酬委員会がなく、
監査等委員会「のみ」を設置する会社は
監査等委員会設置会社といいます(➡P104)

One Point

監査役会と監査委員会

両者の仕組みの違いをひと言で言えば、監査役会は監査機能を果たす機関を取締役会の外側に設置するのに対し、監査委員会は内部に設置することである

監査委員会以外があっても…?

監査等委員会だけを設置している場合、指名委員会等設置会社ではなく監査等委員会設置会社になるが、任意で指名・報酬委員会を設置することは可能

21 「監査等委員会設置会社」とは

社外取締役過半数によって構成される監査等委員会が、指名委員会等設置会社の3つの委員会の役割を兼ねる

監査等委員会のみが置かれる

平成26年改正会社法で、新たに設けられたのが「監査等委員会設置会社」です。一定の株式会社であれば、定款で定めることで、監査等委員会設置会社になることができます。

監査等委員会設置会社には監査等委員会のみが置かれ、指名委員会等設置会社のように指名委員会や報酬委員会は設置されません。また、監査役を置くこともできません。

監査等委員会のメンバーである監査等委員には3人以上の取締役が就任しますが、その過半数は社外取締役でなくてはなりません。そのため、当該会社やその子会社の業務執行取締役や支配人、使用人などを兼ねることはできません。監査等委員である取締役の任期は2年、それ以外の取締役の任期は1年となっています。

メンバーは取締役なので、取締役会の議決権も持ちます。しかし、ほかの取締役より独立性が高く、監査業務も行うので、監査役と同じような存在といえます。

新たなガバナンスの形態

監査等委員会のおもな役割は、取締役の職務執行の監査、監査報告の作成、株主総会に提出する会計監査人の選任・解任に関する議案内容の決定などです。

監査等委員会の監査は、適法性監査のみならず、効率的に経営ができているかどうかの「妥当性監査」を行う権限もあります。また、監査等委員以外の取締役の選任や解任、さらに報酬についても意見を述べることができるので、指名委員会等設置会社の指名委員会や報酬委員会と似たような役割も果たしています。

監査等委員会設置会社は、新たなコーポレートガバナンスの形態として期待されています。

取締役の監査など幅広い業務を手がける

監査等委員会は、取締役の職務執行の監査、監査報告の作成、株主総会に提出する会計監査人の選任・解任に関する議案内容の決定などを行います

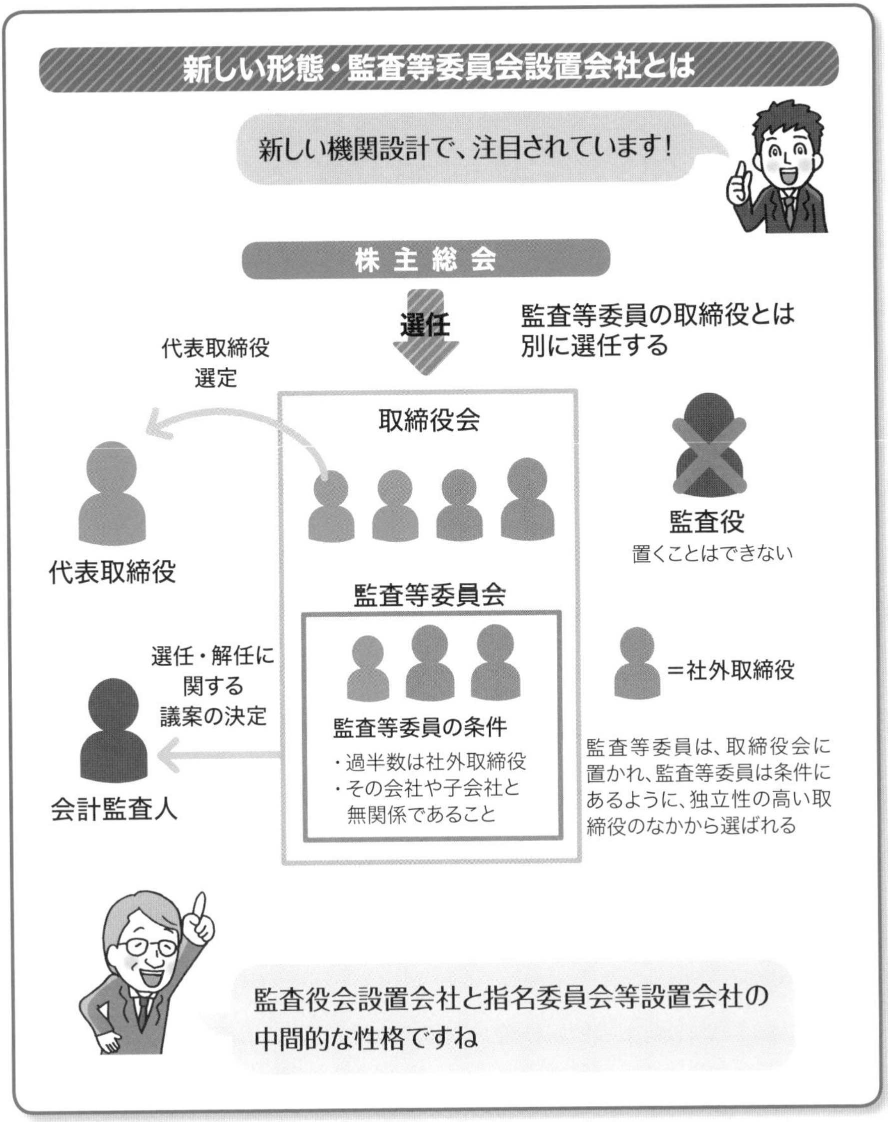
新しい形態・監査等委員会設置会社とは
新しい機関設計で、注目されています！
株主総会
選任
監査等委員の取締役とは別に選任する
代表取締役選定
取締役会
代表取締役
監査役
置くことはできない
監査等委員会
選任・解任に関する議案の決定
会計監査人
=社外取締役
監査等委員の条件
・過半数は社外取締役
・その会社や子会社と無関係であること
監査等委員は、取締役会に置かれ、監査等委員は条件にあるように、独立性の高い取締役のなかから選ばれる
監査役会設置会社と指名委員会等設置会社の中間的な性格ですね

One Point

平成26年会社法改正の目玉

監査等委員会設置会社の監査等委員は独立性の高い取締役で構成されているのが特徴。平成26年会社法改正ではそのほかにもコーポレートガバナンスが強化されるのが注目された

増加する監査等委員会設置会社

令和2年6月現在、上場企業で監査等委員会設置会社に移行した会社は全体の3割（1034社）。株主や証券取引所によるコーポレートガバナンスの強化に対応したものだろう

COLUMN

47通りの機関設計が可能

会社の機関設計のパターン

会社法では、会社のニーズに合わせて自由に機関設計ができます。大会社であるかどうか、公開会社であるかどうかなどで、設計可能な組み合わせが決まってきますが、平成26年会社法改正で監査等委員会設置会社が追加され、そのパターンは47通りとなりました。

まず、設置できる機関を確認しましょう。会社法では、「株主総会」「取締役（会）」「代表取締役・執行役」「監査役（会）」「監査等委員会または指名委員会等」「会計監査人」「会計参与」の機関を組み合わせできます。

しかし、組み合わせにはルールがあります。

①監査等委員会設置会社または指名委員会等設置会社以外の取締役会設置会社は監査役が必要

②①であっても非公開会社で会計参与を置けば、監査役は必要ない

③取締役会設置会社は、監査役が必要

④③の場合、監査等委員会設置会社または指名委員会等設置会社では監査役は不要

⑤監査等委員会設置会社または指名委員会等設置会社以外の会計監査人設置会社は、監査役を置く

⑥監査等委員会設置会社または指名委員会等設置会社は、監査役が置けない

⑦大会社は、監査役会と会計監査人を置かなければならない

⑧大会社であっても公開会社でなかったり、監査等委員会設置会社または指名委員会等設置会社は⑦の限りではない

⑨公開会社でない大会社は、会計監査人の設置が必要

以上、9つのルールに沿って、会社の機関設計をします。

ちょっと複雑ですね。会社設立を想像して、機関設計をしてみてください。

ルールに従って47通りの機関設計を作ってみましょう！

第4章

会社のお金って、どうなってるの？

会社のお金って、どうなってるの？

会社のことがわかってきました
これで会社法は完璧です！
グッ
なにいってるの！まだほんの序の口よ
そういえばお金のことってまだ出てきていませんでしたね
毎月経費の精算なんかはしているけど…
先生会社のお金はどうなっているんですか？
会社の目的は利益を上げることですね
なんらかの事業を行って収益を上げなくてはいけません
そっかそのために働いているんだった！
じゃあいっぱい働いて儲ければいいんですね
そのとおりでもありますがそれがすべてではありません
会社が事業をするのにはまず先立つ資金が必要なのです
資金

営業に行くにも電車賃がないと移動できないし、そもそもオフィスも必要ですね
ただたんに働けばいいってものではないんですね
会社が営業するにはオフィスなどを借りるお金が必要なのはもちろんさまざまな資金が必要です
原料を仕入れるためのお金
外部の人たちに手伝ってもらったときに払うお金など
OFFICE
たいへんだなぁこれらは株主の出資でまかなうんですか？
まかなえればいいのですが、足りなくなるときもありますね
今月の自分みたい
しっかりしなさい！
それでは、会社とお金の関係について見ていきましょう
GO!!

01 会社の会計と株式

会社は営利を目的にしているので、会計は重要事項の1つ

会社法でのお金の管理

1章で会社を設立するときには、出資者から資本を集め、それを元手にすることを述べました。出資者は、会社が利益を上げて、それによる配当を受けることを期待しています。そのため、会社のお金の収支は、明確にしておくことが必要です。たとえ社長であったとしても、そのお金を自由奔放に使うことはできません。

会社は事業年度ごとに事業年度末の会社の財政状況を表す**「貸借対照表」**と会社の業績を表す**「損益計算書」**などを作成し、**「定時株主総会」**（⬇P70）で株主に報告するとともに、承認を得なくてはなりません。

この手続が**「決算」**（⬇P114）で、会社法では決算で作成する書類を**「計算書類」**（⬇P112）といいます。このときに剰余金があれば、はじめて株主に配当として分配できるのです。

なお、出資者が出したお金は**「株券」**というかたちで株主に渡し、証明していました。株券は株主の地位を表す大切な有価証券だったのです。

しかし会社法は、定款で「印刷した株券を発行する」としない限り、株券を発行する必要がないとしています。原則はペーパーレスなのです。現在は、誰が株主でいくら出資したかは**「株主名簿」**で管理しています。

株式の売買にも約束事がある

株式は原則として自由に売買でき、その価格も自由に決めることができます。といっても、価格は市場原理によります。

ところが、会社は自由に売買できない株を発行することもできます。定款に「株式の譲渡時には会社の承認を得なければならない」と定めておくことができるのです。上場会社以外のほとんどの会社でこの定めを設けています。

会社のお金は約束事のうえに成り立っている

会社は株主からの出資(=株式)で設立され、営利を目的として活動しています。そのため、会社の基本事項の会計や株式の扱いにはルールがあります

ポイント

会社のお金についてみてみよう

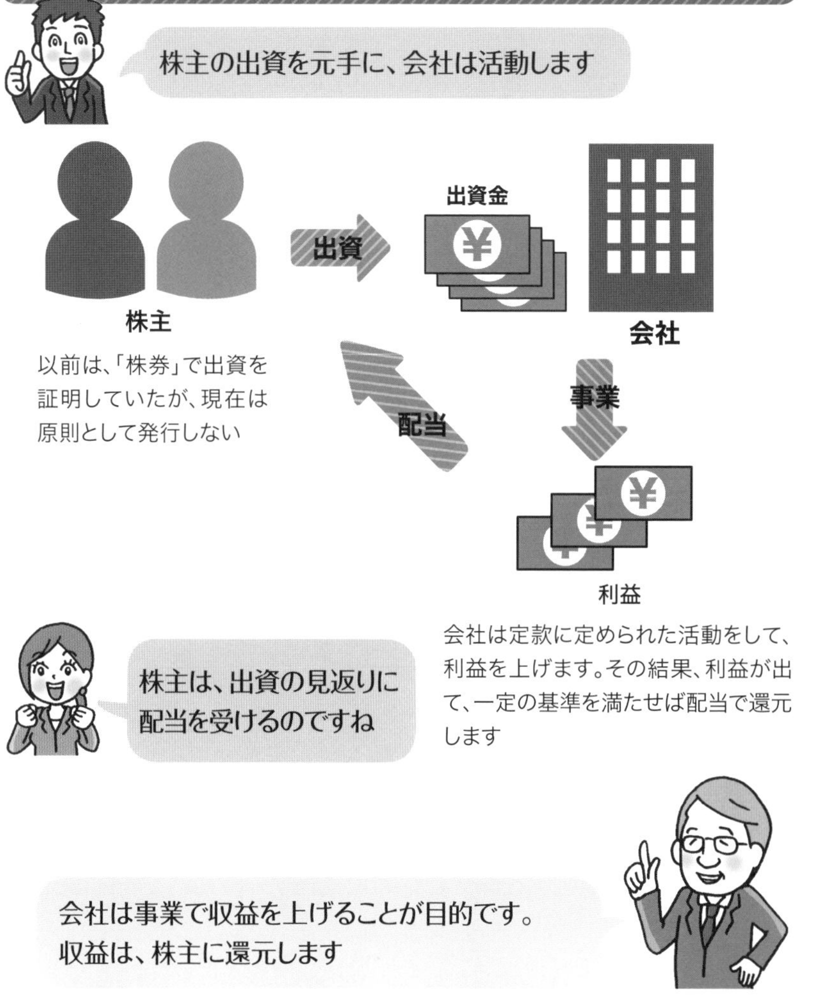

株主の出資を元手に、会社は活動します
株主
出資
出資金
会社
以前は、「株券」で出資を証明していたが、現在は原則として発行しない
配当
事業
利益
会社は定款に定められた活動をして、利益を上げます。その結果、利益が出て、一定の基準を満たせば配当で還元します
株主は、出資の見返りに配当を受けるのですね
会社は事業で収益を上げることが目的です。
収益は、株主に還元します

One Point

株券の電子化

株券や定款などは電子データとして記録・保存することが可能。定款などの場合、会社法では、電磁的記録という。また、電子的投票など、会社法下ではペーパーレス化が進んでいる

Memo

事業年度

会社の経営や財務を表す決算書を作成し、株主総会で承認してもらうために、1年で区切った期間をいう。期間の開始・終了や期間の長さは、会社が決定可能だが1年が通常

02「計算書類」ってなにを計算してるの？

会社の通信簿ともいえる計算書類は、毎年作成する

会計帳簿の作成は義務

会社は、1年間の事業の業績や財産状態を株主に報告しなければなりません。このときに作られるのが**「計算書類」**です。この書類を作成するために、会社は日々の取引などを記載した**「会計帳簿」**を常々つけなくてはいけません。

会計帳簿とは、取引の事実を記載した**「日報」**やそれを分類した**「仕訳帳」**、仕訳帳をさらに整理した**「総勘定元帳」**などのことをいいます。会社法では会計帳簿の作成と保存、閲覧の請求、提出命令などを定めているので、帳簿作成に手抜きはできません。

これらの会計帳簿を決められた会計の方法で、計算書類としてまとめます。ここで、財政状態をよく見せるために、会計帳簿の売り上げをごまかしたりするのは厳禁です。なお、会計帳簿は10年間の保存義務があります。

4つの計算書類が必須

会社法では、4つの計算書類を作成することを求めています。それは、**「貸借対照表」**（B／S）、**「株主資本等変動計算書」**と**「損益計算書」**（P／L）、**「個別注記表」**です。それぞれ概略は次のとおりです。

①貸借対照表　事業年度の会社の財産状態を表す。ある時点（事業年度末）での会社の財政状況を表すものともいえる

②損益計算書　事業年度の会社の利益と損失を表す。B／Sが時点を表すのに対し、P／Lは一定期間の経営成績を表す

③株主資本等変動計算書　会社法によって新たに作らなければならなくなった計算書類。株主が出資した元手が、その年にどのように増減したかを表す

④個別注記表　①～③の書類に説明を加える

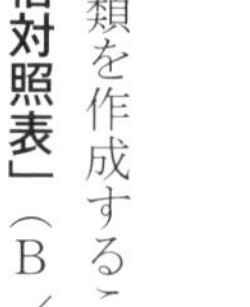

会社は金銭の収支などをきちんと記録する

会社は日々の取引などを正確に記録し、事業年度ごとにその結果を株主に公表します。そのときに必要なのが、貸借対照表などの計算書類です

会社に必要な4つの計算書類とは

お金の計算は日々、行うのですね

日報
仕訳帳
総勘定元帳

会社の日々の取引などを記録する会計帳簿
- 日報　日々の活動の記録、いわゆる日記
- 仕訳帳　取引を分類した帳簿
- 総勘定元帳　仕訳帳をさらに整理したもの

会計帳簿をもとに事業年度ごとに作成

計算書類

貸借対照表	損益計算書	株主資本等変動計算書	個別注記表

株主総会に提出

取締役会などを経て、
会社の1年の活動状況を株主総会で報告、承認を受けます

会社は利益を上げることが目的なので、
取引を記録した書類が必要となるのです

Memo

計算書類、財務諸表、決算書？

貸借対照表などの書類は法律によって呼び方が変わる。会社法では計算書類、金融商品取引法では財務諸表という（書類の種類は一部違う）。決算書は、一般的な呼称

One Point

会計帳簿

仕訳帳は、すべての取引の記録を日付順に記録。一方、総勘定元帳は、資産、負債などの科目別に整理したもの。会社法では、適宜正確に記録し、保存しなければならない（法432条1項、同2項）

03

「決算」はなにをすればいい？

会社の通信簿である計算書類を発表するのが決算

決算とは会社の成績発表

会社は株主が出資し、その元手で利益を上げます。また、利益は株主に分配しなくてはいけません。そのために必要な手続きが**「決算」**なのです。

決算は次のような流れで進みます。**①計算書類を作成する、②会計監査、取締役会の承認を得る、③株主総会で報告し、承認を得る。**なお、会計監査人設置会社では一定の条件を満たせば、株主総会での承認は不要です。

株主総会で承認された計算書類で剰余金を計算するので、決算は株主にとって非常に重要なのです。

剰余金の配当も株主総会決議を得ることが原則です。しかし、過剰な配当金は債権者を害するおそれがあるため、会社法では配当できる金額に規制を設けています。この金額を超えて株主に配当するのを**「違法配当」**（➡P122）といい、取締役や配当を受け取った株主は、会社に対して損害賠償をしなければならなくなることもあるのです。

また、定款で定めることにより、株主総会の決議を経ずに取締役会で決算と決算のあいだに配当をする**「中間配当」**が認められています。

会社法では、中間配当だけでなく、**「臨時決算」**をすることで、何度でも配当することを認めています。この場合は、株主総会などでの手続きが必要です。そのときに作成される計算書類を**「臨時計算書類」**といいます。

詳細な計算法は計算規則で決める

会社法では、会社の配当などの計算に関する方法を別に定めていて、これを**「会社計算規則」**といいます。

これは計算書類を作る規則（会計基準）が時代とともに変化することが多く、これに対応するため、法律ではなく法務省の省令とすることで、法律改正の煩雑さを避けているのです。

ポイント

会社の活動は決算で表します

会社が1年間にどのような活動をして、どのような結果になったかを決算として発表します。決算で剰余金があれば、株主は配当を受け取れるのです

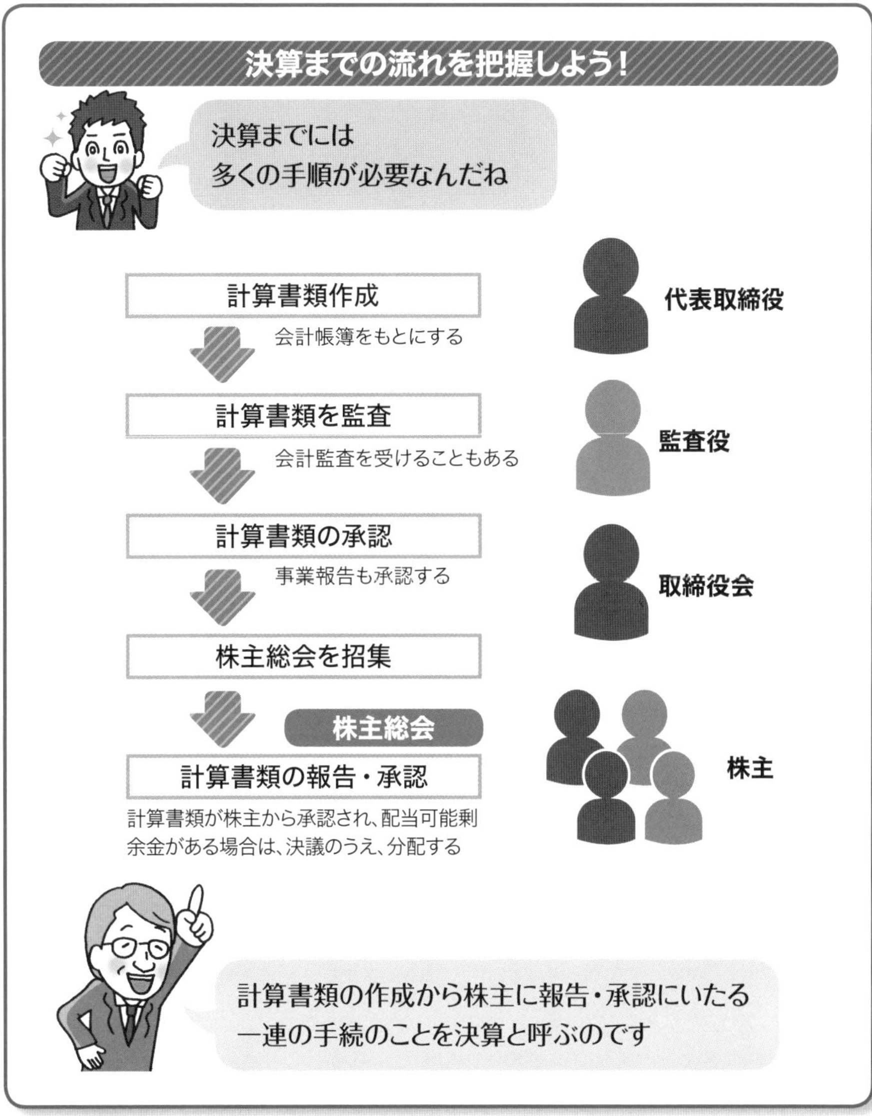
決算までの流れを把握しよう!
決算までには
多くの手順が必要なんだね
計算書類作成
会計帳簿をもとにする
代表取締役
計算書類を監査
会計監査を受けることもある
監査役
計算書類の承認
事業報告も承認する
取締役会
株主総会を招集
株主総会
計算書類の報告・承認
株主
計算書類が株主から承認され、配当可能剰余金がある場合は、決議のうえ、分配する
計算書類の作成から株主に報告・承認にいたる
一連の手続のことを決算と呼ぶのです

Memo

法務省令

法務大臣が発する命令で、法律から委任を受けるというかたち、つまり法律の定める範囲内で、法律の手続面を補う規定や申告書等の様式を定める。法律では根幹を定め、柔軟な対応が必要な実務部分を省令で決めることで、時間のかかる法律改正をする必要がない。法律の改正に伴って省令も制定されるので、実務面では省令が発表されないと動きにくい面がある

04 会社の資金調達の方法とは

資金を調達するのには2つの方法があり、それぞれ長短がある

間接金融と直接金融

会社の事業をしていくうえで、規模を大きくしたり、新規開拓をするためには資金が必要となります。会社が資金を調達する方法には、**「間接金融」**と**「直接金融」**の2種類があります。

間接金融とは、銀行などの金融機関から借り入れをすることをいいます。一方、直接金融とは、株式や**「社債」**（⬇P140）を発行することです。

直接金融のうち、株式を発行することを**「新株発行」**といいます。新株は、会社の借金である社債とは違い返済の義務がないので、期限を気にすることなく使うことができます。つまり、株式会社の仕組みを最大限に活用した手法なのです。

新株発行には既存の株主に新株の権利を割り当てる**「株主割当」**、関係のある特定の者に割り当てる**「第三者割当」**、広く一般から募集する**「公募」**の3つの方法があります。

なお、銀行からの借り入れや社債は**「他人資本」**と呼ばれ、自己資本とは区別します。

資金調達の1つ・社債

さて、社債とは会社法で定められているもので、会社を債務者とする金銭債権のことです。言い換えれば、会社が大衆から広く借金することです。社債を購入した債権者は、出資したお金を一定時期後に返してもらえる権利を持ちます。

さて、株式という制度があるのに、なぜ社債を発行するかというと、社債は債権であり、社債権者には株主のような議決権がないからです。つまり、社債での資金調達であれば、経営に口出しされることがないのです。

なお、特殊な社債として**「新株予約権付社債」**（⬇P142）があります。社債の安定性と株式の投機の一面を併せ持ったもので、新株予約権を行使することで社債から株式への転換ができます。

事業を継続・発展させるのに必要な資金調達

会社は日々の支払いや事業を発展させるために、資金が必要になるときがあります。これを資金調達といい、直接金融と間接金融の2種類があります

会社の資金調達をまとめてみよう

間接と直接、返済の有無で分けられますね

資金調達方法

- **間接金融**
  - 資金提供者（市場）からの直接ではなく金融機関などから間接的に資金を集める
  - 銀行からの借り入れなど
- **返済あり（他人資本）**
  - 社債発行
- **直接金融**
  - **返済なし（自己資本）**
    - 新株発行
      - ・株主割当　・第三者割当
      - ・公募
  - 金融市場を通して、直接的に資金を集める

会社にとって資金調達は重要な項目です。
その調達の仕方の違いを覚えておきましょう

Memo

エクイティファイナンス

募集株式による資金調達方法をいう。特に上場企業での基本的な資金調達手段で、株式会社のメリット。金銭の借り入れでの資金調達は、デッドファイナンスという

自己資本と他人資本

新株発行などのエクイティファイナンスを自己資金、借り入れなどのデッドファイナンスは他人資本とされる。新株予約権付社債は、両方の性質を兼ね備えている調達法

05 資本金を減らす「減資」とは？

資本金を減額することを減資といい、業績がよくないときなどに行うことがある

資本金の減少をするとき

なんらかの理由で、会社の資本金を少なくすることを**「減資」**といいます。

減資には、会社の財産を減少させる**「実質上の減資」**と財産の減少がない**「形式上の減資」**があります。

さて、**形式上の減資**は、減ってしまった会社の財産に合わせて資本金額を減少させる処理で、帳簿上の赤字を解消するときなどに使われます。

一方、**実質上の減資**は、事業の縮小などで不要となった財産を株主に返還するためのものです。これ以上、事業を続けていくのが困難な場合に用いられ、将来の解散や清算（➡Ｐ１９２）に備えたものともいえます。

減資が行われる理由のほとんどは、経営不振でしょう。減資によって会社の規模は縮小しますが、後述するように配当が可能になったり、会社の財務が改善されることがあるので、新しい出資者が出現することも期待できます。

減資の手続きとは

さて、株主に配当可能かどうかは、純資産額と資本金額、準備金などから決められます。経営不振で純資産額が減少しても、減資によって資本金額等が減ることによって配当が可能になります。

ただし、業績がよくないのに配当をすることは債権者を害することになるので、会社法では減資の手続きは厳格なものとなっています。原則として株主総会の特別決議（3分の2以上の賛成）が必要です。ただし、赤字分を消すのであれば、株主総会の普通決議でも減資が可能です。

また、減資をする場合、債権者の保護も必要です。減資することを国が発行する官報に告示し、債権者から異議が出た場合には、弁済や担保の必要がある場合があります。

会社の規模（資本金）を小さくする減資

会社は基本的に毎年成長するためにあるので、その逆の減資はいいイメージではないでしょう。ただ、業績不振を立て直すため、必要な処理となることがあります

減資の2つのパターンを理解しよう

減資は、会社にとって好ましくはないのですね

実質上の減資

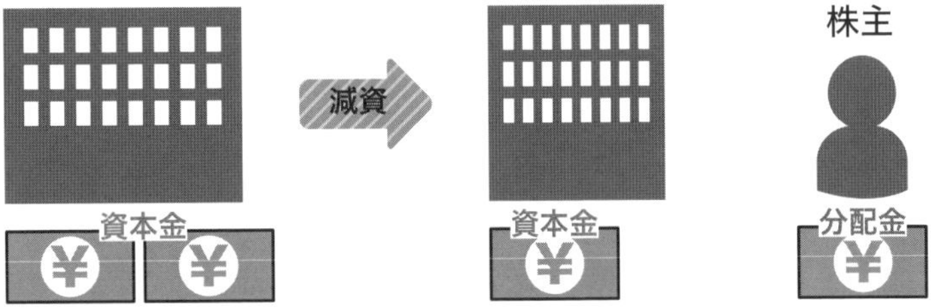

不要になった資本金等を減少させる。減らした分は、株主返還する

形式上の減資

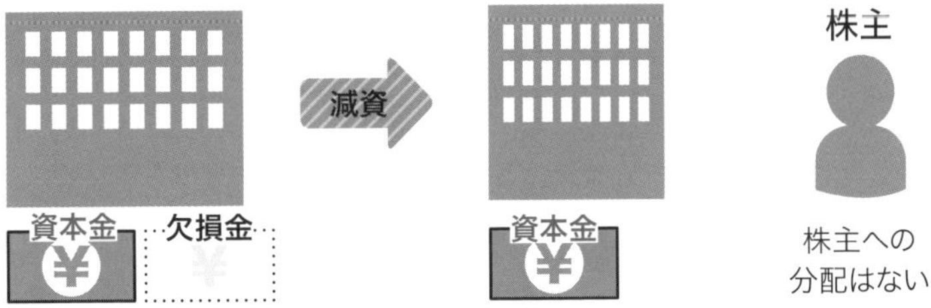

実際に欠損がある場合は、資本金の減少だけになる

減資は原則として、株主総会特別決議が必要です。また、債権者異議手続も必要となります

One Point

減資の手続き

資本金は債権者保護の役割をしているので、原則として株主総会の特別決議と会社債権者異議手続が必要とされている(法447条、法309条2項9号)

準備金の減少の場合

資本金とほぼ同様の手続きだが、株主総会の普通決議でできる。ただし、債権者異議手続は必要(法449条)。資本金の減少より、手続きは緩くなっている

06 「配当」とは、株主に対するお礼？

会社に出資することは、なんらかの見返りを期待すること。その見返りが配当

剰余金の配当には規制がある

会社が儲かって余ったお金のことを**「剰余金」**といいます。この剰余金は、今後の事業のために社内に蓄えたり、出資者である株主に**「配当金」**として分配したりします（剰余金の分配）。

しかし、会社には株主とともに、商品やサービスを提供してくれた債権者がいます。債権者は会社財産からしか、その債権を弁済してもらえないので、無制限に配当をすることは債権者を害することになってしまいます。

そこで会社法では、株主への配当について厳格な規制を設けています。剰余金がなければ配当ができないことはもちろん、会社の総資産額から総負債額と資本金額等を引いた分配可能額がなければ配当することはできません。

また、配当後に純資産額が３００万円未満となる場合にも、配当は不可能です。会社法により資本金の最低金額が撤廃されたので、債権者を守るためにこの規制が生まれました。

配当に回数制限はない

会社法以前の配当は、役員賞与などの利益処分の一部として定時株主総会の承認を受けなければならなかったので、1年決算の会社は中間配当とあわせて、年2回が限度でした。

しかし、会社法では利益の処分という考え方がなくなったので、理論上は株主総会の決議でいつでも何回でも配当することが可能になりました。

ただし、実務的、現実的には四半期ごとの年4回が上限といえるでしょう。

なお、会計監査人設置会社や監査役設置会社で監査役会がある場合、指名委員会等設置会社、監査等委員会設置会社（⬇いずれも第3章）で一定の条件を満たし、定款で定めることで、配当は株主総会決議がなくても取締役会で決定できます。

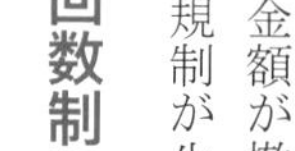

ポイント

配当は、規制をクリアしてはじめて行える

株主に配当するためには会社が儲かっていなければいけませんが、単に黒字というだけではできません。会社には債権者もいるので、厳しい規制があるのです

剰余金の分配可能額とは?

剰余金があっても、配当できない場合もあるのね…

貸借対照表

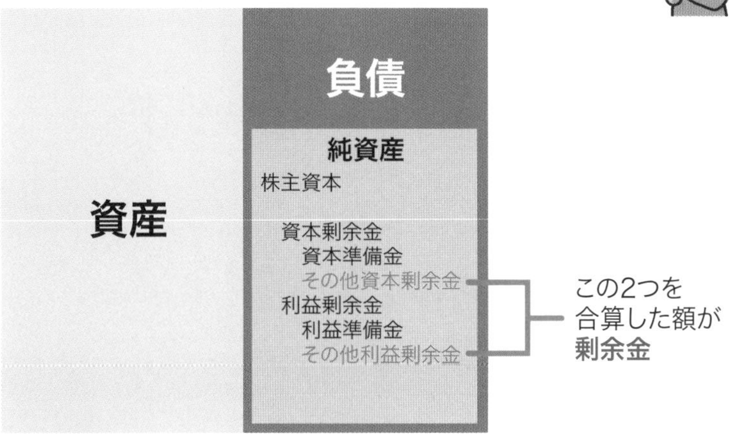

配当(分配)可能額 = 剰余金 − 自己株式の帳簿価額

※ただし、配当後に純資産額が300万円以上必要

配当は会社の財産を外部に出すことですから、債権者保護のため、規制がかけられています

One Point 会社法での分配可能額

株主に配当するには分配可能額があることに加え(法461条2項、計156条)、その後の純資産額が300万円以上必要(458条)。また、年何度でも配当は可能(法453条)

Memo 四半期決算

1事業年度を4回に分け、3か月ごとに企業が発表する決算のこと。上場企業には義務付けられている。上場企業の業績を伝える会社四季報もこれに合わせて年4回発行される

07 配当をするときには注意が必要

過剰な配当は、罰則の対象となったり、株主代表訴訟を受けることもある

違法な配当には厳しい責任が問われる

分配可能額を超えて配当が行われた場合を**「違法配当」**と呼びます。これを行った場合、取締役などに責任が生じ、分配された違法配当は無効となります。

違法配当は会社の業績をよく見せようとする場合などに多く行われ、その場合、分配可能額が実際よりも多くあるように見せる**「粉飾決算」**が伴います。

粉飾決算自体が大罪ですので、剰余金の分配を決めた株主総会や取締役会の決議は無効となります。そして、配当を受けた株主には、配当の返還義務が生じます。

この不正な配当に対して会社法は厳しく、配当を受けた株主、配当を分配した取締役や執行役など、加えて、議案を提案した者にも返還義務を課しています。

罰則と株主代表訴訟も

会社の債権者は、違法配当が行われた場合、株主に対して違法な金額分を支払うように請求することが可能です。違法な配当や粉飾決算から債権者を守るための措置です。

また、分配可能額を超える分の配当を行った取締役等には罰則が科されます。

その罰則は、**「会社財産を危うくする罪」**とされる場合があり、5年以下の懲役または500万円以下の罰金（併科あり）という厳しいものです。

会社が取締役等の責任の追及を行わない場合、株主は**「株主代表訴訟」**（⬇P148）を提起することもできます。違法な配当を受けた側の株主が訴えを起こすのは不思議な感じがしますが、この訴訟の場合、会社が行う責任追及を株主が代わりに行うものです。訴訟を行うのは株主でも、賠償金は、株主ではなく会社が受け取ります。

ポイント

無制限な配当はできない

配当の規制を上回って配当をすると、罰則が科される場合があります。また、そうするためには計算書類の偽装が伴うので、さらに重大な問題となります

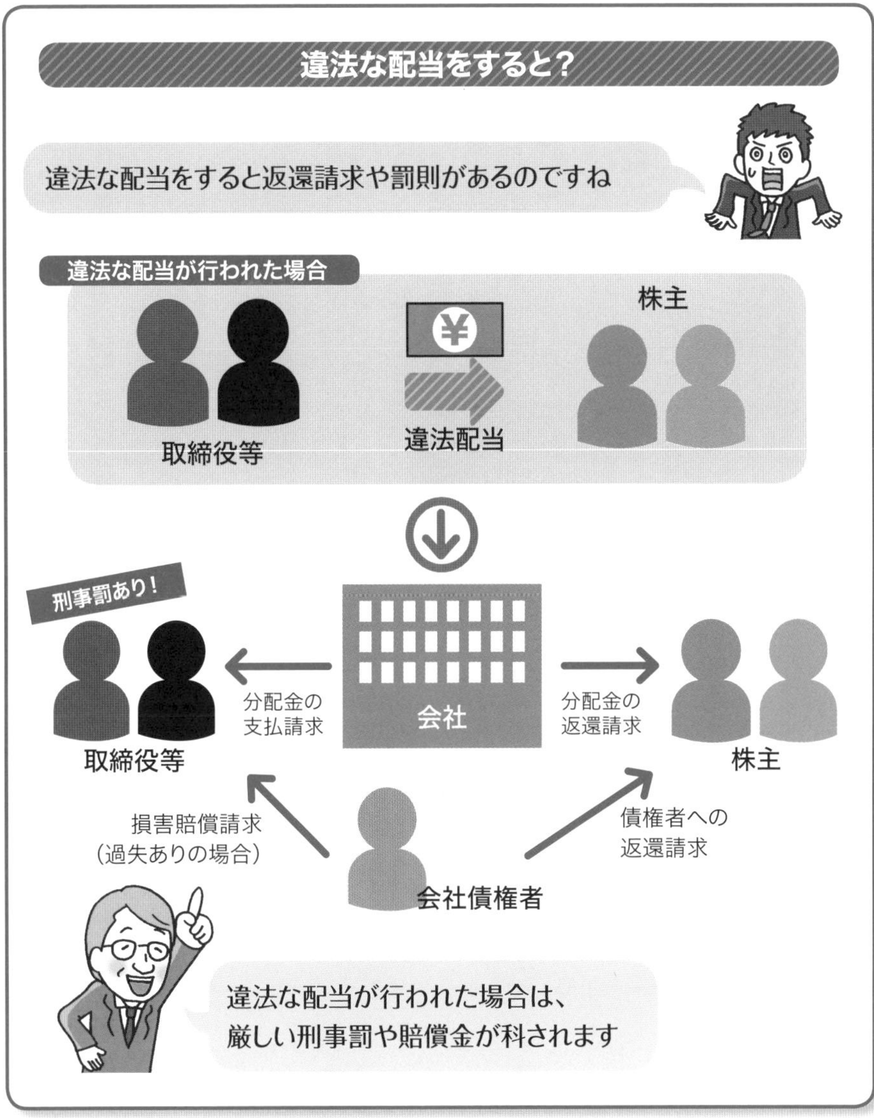

One Point

過剰な分配金の返還

会社法では、会社は株主に対して返還を請求でき（法462条1項）、債権者は債権額を上限に違法配分額を債権者自身に返還請求ができるとしている（法463条2項）

多数の株主からの返還

実際上は困難なので会社法では、支払う義務を負わせる人を業務執行者や剰余金分配議案を提案した取締役等に限定している（計算159条など）

08 株主の権利をまとめておこう

株主の義務は出資金に限られるが、権利は多い

株主の権利と義務

さて、ここまで会社の資金調達や剰余金の株主への分配について見てきましたが、ここで改めて株主の権利と義務について見てみましょう。

株主と会社は、権利と義務によって結ばれています。ただし、株主の義務は株式を得るためのお金を会社に払い込むこと、つまり出資のみにとどまります。これは、第1章でも解説した、「株主有限責任」によるものです。つまり、株主の義務は会社に出資した時点で終了しているとも考えられます。

さて、株主の権利は大きく分けて、会社から経済的利益を得る「**自益権**」と会社の経営に参加する「**共益権**」の2つがあります。

自益権には、「**利益配当請求権**」（剰余金や配当を受けとる）や「**残余財産分配請求権**」（会社が解散したときに余った財産の分配を受ける）などがあります。名前のとおり、各人の利益に関する権利です。

一方、共益権には、株主総会での議決権、株主総会の決議を取り消す訴えができる提起権、取締役の責任を追及する権利などがあります。こちらは、株主全体の利益です。

1株所有でできること

共益権には、1株でも所有していればできる「**単独株主権**」と議決権総数の一定割合以上または一定数以上の株を所有していないとできない「**少数株主権**」があります。

単独株主権には、前述の株主総会に出席して決議に参加し「**議決権を行使する権利**」などがあり、少数株主権には、株主が一定の事項を株主総会の議題とすることを請求する「**議題提案権**」などがあります。少数株主の権利については、146ページで詳しく解説します。

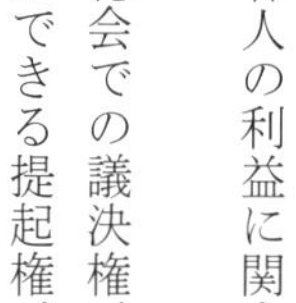

ポイント

株主の権利は大きく分けて2種類

株主の義務は出資した金額内に抑えられますが、権利は1株(1単元)を所有するだけでも発生します。株数が多くなればそれに比例して、権利も拡大します

株主の権利をまとめよう

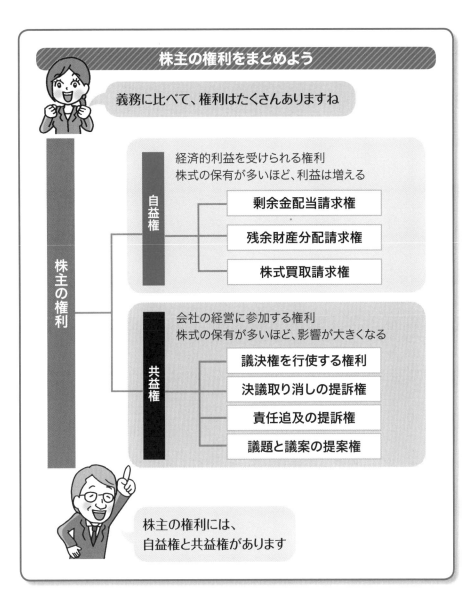

義務に比べて、権利はたくさんありますね

株主の権利

- **自益権**：経済的利益を受けられる権利　株式の保有が多いほど、利益は増える
  - 剰余金配当請求権
  - 残余財産分配請求権
  - 株式買取請求権
- **共益権**：会社の経営に参加する権利　株式の保有が多いほど、影響が大きくなる
  - 議決権を行使する権利
  - 決議取り消しの提訴権
  - 責任追及の提訴権
  - 議題と議案の提案権

株主の権利には、
自益権と共益権があります

One Point

株主有限責任

会社法でも、株主は引き受けた株式の価格以上の責任は負わないとしている(法104条)。ただし、債権者保護のため、出資義務を免除したり、払い込んだ額を返還することはできない

共益権の制約

共益権は、それを行使することによって他の株主の権利にも影響する。したがって、自益権を行使する場合に比べると、ある程度の制約があることになる

09 権利はどのように分配される？

株主は1人ひとりが平等ではなく、株数と種類に応じて平等とされる

会社法の株主平等原則

会社法では、「株式会社では株主をその有する株式の内容と数に応じて、平等に取り扱わなければならない」としています。これは、株主1人ひとりを平等に扱うという意味ではなく、株数とその種類に応じて平等に扱うということです。これを**「株主平等の原則」**といいます。ここでの株式の内容（種類）については、別途解説します（株式の種類➡P132）。

会社法では、株主平等の原則に抵触する定款や株主総会決議、取締役決議などは無効としています。

さて、株主総会では会社の経営に関する決定などを議題にしますが、決議は多数決で行います。議決権は株主1人に1個あるのではなく、原則として1株（1単元）につき1個の議決権があるのです。当然、多くの株を所有している大株主は、議決権が多くなり、意見がとおりやすくなります。

株主名簿に記載されて権利行使が可能

前述したように、会社法では株券は原則発行する必要がなく、また平成21年には上場株式はすべて電子化されました。会社は株主を**「株主名簿」**によって管理しています。株主名簿の作成は、株券を発行するしないにかかわらず、義務付けられています。名簿には、株主の氏名、住所、保有株数などを記載します。

株主名簿に名前があれば（名義変更をしなければ）、株式を他人に売り払っていても、株主としての権利が残ります。逆に、株を所有しても記載がなければ権利がありません。

なお、議決権や配当を得る株主の権利は、会社が決めた基準日に株主名簿に名前があるかどうかで決まります。例えば6月に株主総会があっても、それ以前の基準日に記載がなければ総会に参加することはできません。

株数と内容に応じて、株主は平等に扱われる

株主は、株式の数と内容に応じて平等に扱わなければいけないと会社法は規定しています。ただし、株主として認められるためには、いくつかの手続きがあります

単元株制度と株主名簿をまとめてみよう

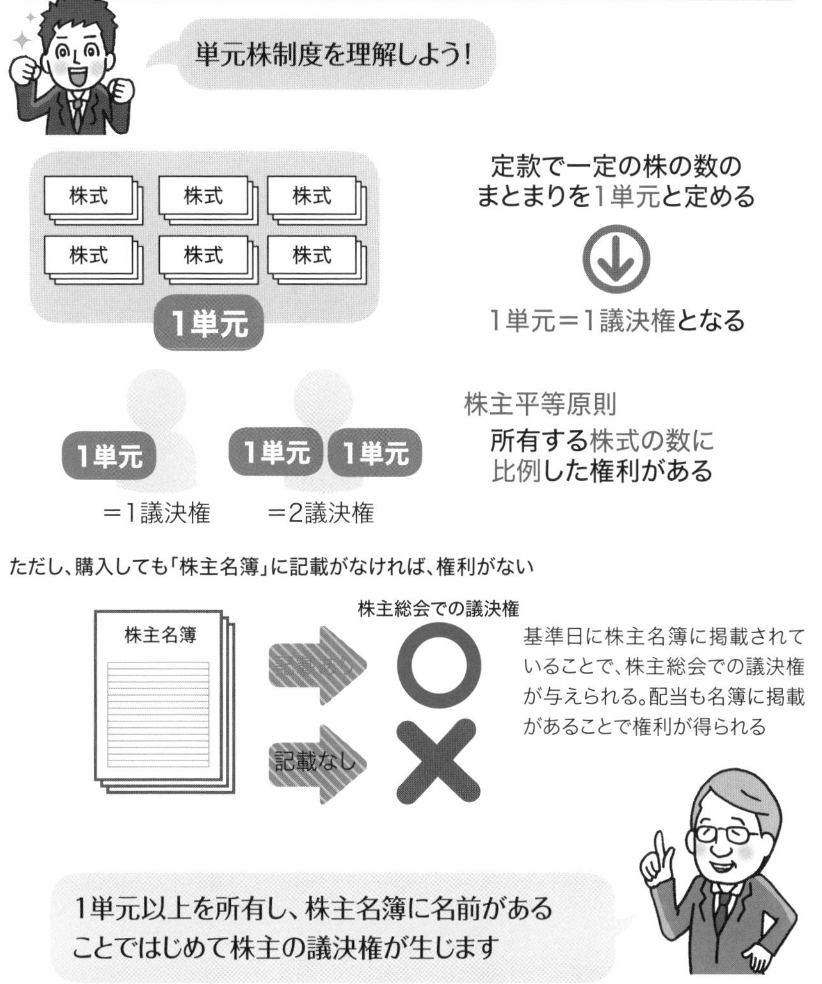

単元株制度を理解しよう！
株式
株式
株式
株式
株式
株式
1単元
定款で一定の株の数のまとまりを1単元と定める
1単元＝1議決権となる
1単元
1単元
1単元
＝1議決権
＝2議決権
株主平等原則
所有する株式の数に比例した権利がある
ただし、購入しても「株主名簿」に記載がなければ、権利がない
株主名簿
株主総会での議決権
記載なし
基準日に株主名簿に掲載されていることで、株主総会での議決権が与えられる。配当も名簿に掲載があることで権利が得られる
1単元以上を所有し、株主名簿に名前があることではじめて株主の議決権が生じます

※配当を受ける権利は、１単元未満の株主にもある

Memo

単元株制度

平成13年の改正により株式の出資単位を法が一律に強制することをやめた。また、会社法により端株制度も廃止され、単元株制度に統合された

One Point

単元株制度の採用

会社法のもとでは、会社は一定の数の株式を1単元とすることができる（法188条1項）。なお、1単元の株式数は1000または発行済株式の200分の1以下のいずれか低いほうが上限となる

10 新株予約権ってなに？

権利を行使することで、有利に株を売買できること

様々な場面で活躍

「権利行使期間」といわれる一定の期間内に、**「行使価格」**というあらかじめ決められた価格で株式を購入できる権利を**「新株予約権」**、または**「ストックオプション」**といいます。取締役や従業員などが自分の会社の株を買う権利を特に区別して、ストックオプションと呼ぶことがあります。

上場株式であれば、市場価格よりも有利なときに株を購入することができるので、取締役や従業員へのいわばごほうび（インセンティブ）として や資金調達の便宜を図るために発行されます。また、既存の株主が買収をもくろんでいる第三者などに株式を売却しないよう、防衛策として既存株主に発行する場合もあります（⬇P182）。

新株予約権を発行する手続きは、新株の発行と同様で、株式の売却が自由にできない株式譲渡制限会社でなければ、取締役会決議でこと足ります（ただし、新株の発行同様、過半数株式を有する株主の構成が変わる場合は、規制があります）。株式譲渡制限会社では、原則として株主総会の特別決議（3分の2以上の賛成）を経ます。

新株予約権の利点とは

上場会社の場合、株価は市場原理で決まります。つまり、100円を行使価格とする新株予約権を持った人が市場価格150円のときに権利を行使すれば、150円の株を100円で会社から購入できるのです。これをすぐに株式市場で売却すれば、50円分の利益を得られるというわけです。

新株予約権の行使は義務ではないので、決まった期間内に100円以下の株価でとどまっていても、損を承知で100円で株を購入する必要はありません。

なお、債権と両方の利点を兼ね備えた**「新株予約権付社債」**（⬇P142）もあります。

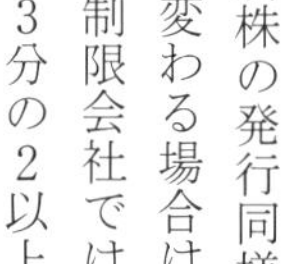

ポイント

新株予約権はインセンティブ

新株予約権は決まった価格で株を購入できるので、高値になった時に行使すれば大きな利益が得られます。役員や社員へのインセンティブとして使われます

新株予約権を行使するとは？

新株予約権は、有利に株を取得できます

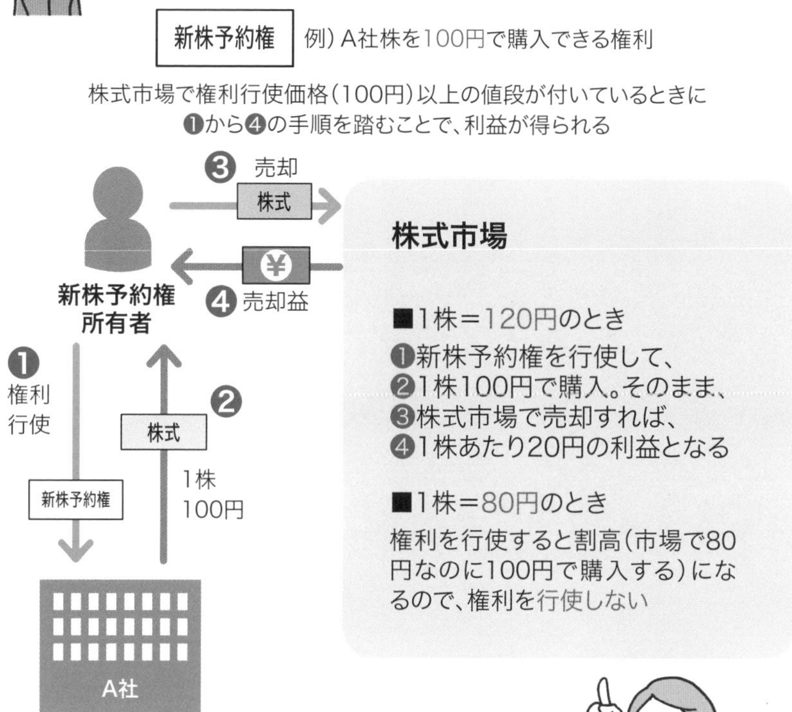
新株予約権
例）A社株を100円で購入できる権利
株式市場で権利行使価格（100円）以上の値段が付いているときに
❶から❹の手順を踏むことで、利益が得られる
❸ 売却
株式
株式市場
¥
新株予約権所有者
❹ 売却益
■1株＝120円のとき
❶新株予約権を行使して、
❷1株100円で購入。そのまま、
❸株式市場で売却すれば、
❹1株あたり20円の利益となる
■1株＝80円のとき
権利を行使すると割高（市場で80円なのに100円で購入する）になるので、権利を行使しない
❶
権利行使
新株予約権
❷
株式
1株
100円
A社

新株予約権が行使されたときは、
新株を発行するか自己株式の交付が必要です

One Point

新株予約権の目的

日本で発行される新株予約権には3つのタイプがある。①インセンティブ報酬として、従業員などに与える、②資金調達、③買収防衛策として発行

新株予約権の有利発行

次の2つの場合、有利発行となり株主総会特別決議が必要となる。①新株予約権を無償で発行する場合、②時価よりもかなり低い設定金額の場合

11 様々な種類の株式

定款で定めることにより、株式は譲渡に制限を付けることもできる

権利の内容が違う株式

セクション09で解説した株主平等の原則は、**「株数とその種類に応じて株主を平等に扱う」**というものでした。つまり、会社は権利の内容が同じ株式しか発行できないというわけではないのです。定款で定めることにより、権利の内容の違う数種類の株式を発行することができます。これらの株式のことを**「種類株式」**（⬇P132）といいます。

一般の株式に比べ有利な扱いを受けられる株式を**「優先株」**、逆に不利な扱いを受けるものを**「劣後株」**といいます。

種類株式は、1つの会社に数種類の株式を発行することですが、全部の株式の内容を特別なものにすることもできます。これは前述の種類株式とは異なるので、注意が必要です。

種類株式はあくまでも2種類以上の内容の違う株式を1つの会社で発行していることです。1種類だけの発行は、**「内容の異なる株式を発行している」**と表現します。

株式の全部の内容を変える

さて、発行する株式の内容を全部を異なるものにするのに認められているのは、次の3つの事項に限定されています。

①**譲渡制限株式**　株式の譲渡に会社の承認が必要

②**取得請求権付株式**　株主が会社に対して株式の取得を請求できる株式

③**取得条項付株式**　会社が一定の条件が生じたことをきっかけとして株式を取得できる株式

なお、①から③は組み合わせることができます。

定款で定めなければ、すべての株式は「普通株式」となり、その株式の内容は会社法によって自動的に決まります。日本の上場会社の大部分が、株式の内容を変えていない普通株式のみの会社です。

全株式の変更と2種類以上の発行がある

全部の株式を普通株式から変更する場合を「内容の異なる株式を発行する」といい、数種類の株式を発行する場合は「種類株式を発行する」といいます

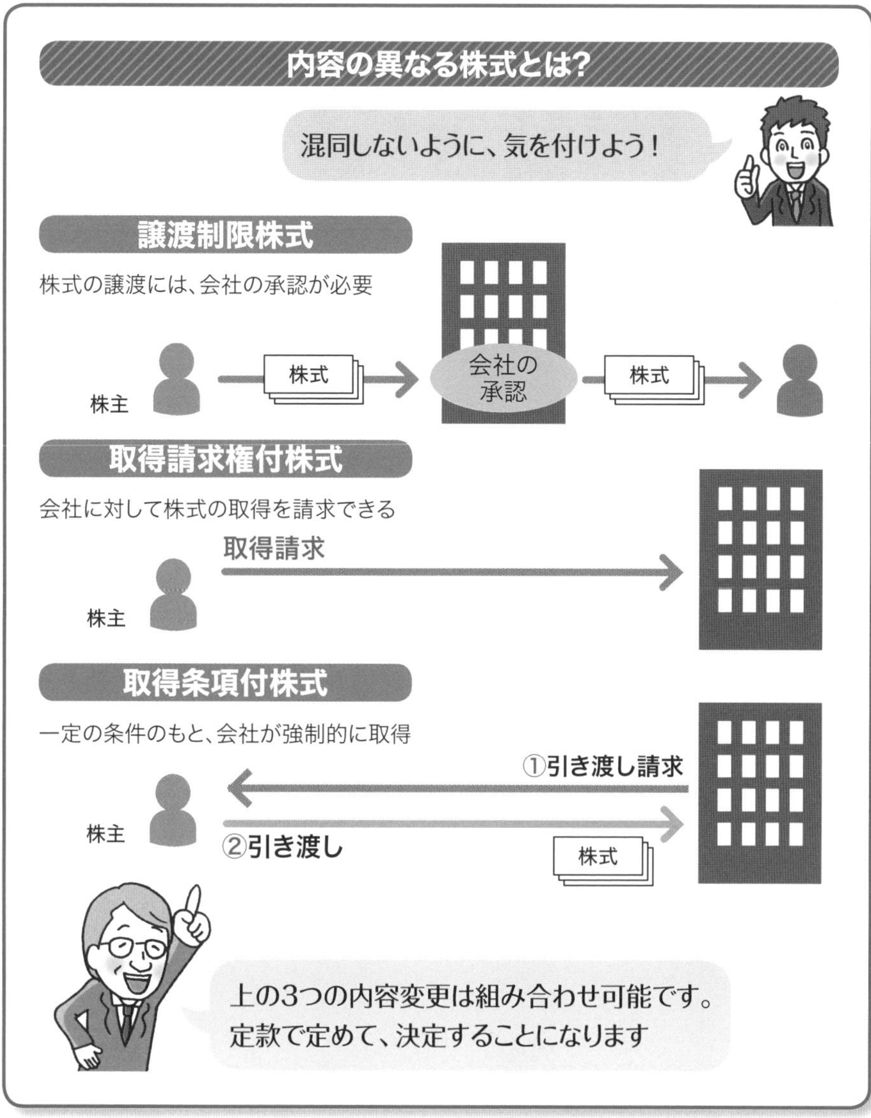
内容の異なる株式とは?
混同しないように、気を付けよう！
譲渡制限株式
株式の譲渡には、会社の承認が必要
株主
株式
会社の承認
株式
取得請求権付株式
会社に対して株式の取得を請求できる
取得請求
株主
取得条項付株式
一定の条件のもと、会社が強制的に取得
①引き渡し請求
株主
②引き渡し
株式
上の3つの内容変更は組み合わせ可能です。
定款で定めて、決定することになります

Memo

普通株式

2種類以上の株式を発行する場合に、標準となる株式をいう。または、法107条や法108条に基づく定款の定めをしない場合に、会社法が自動的にその内容を定めるものもいう

譲渡制限株式

日本の中小企業の多くが採用している。これは会社にとって好ましくないものが経営に参加しないようにする措置で、所有と経営が分離されていないことがほとんど

12

2種類以上の株式を発行すると

内容の異なる2種類以上の株式を発行することを「種類株式」を発行するという

バラエティに富む種類株式

前セクションでも述べたように、「**種類株式**」とは1つの会社で2種類以上の異なる株式を発行している場合にいいます。会社法では、定款で定めることにより、内容の異なる様々な株式を発行することが可能です。

種類株式は、次のようなものを発行できます。

①剰余金の配当を差別したもの
②残余財産の分配を差別したもの
③株主総会で議決権を行使できる事項に制限を持たせたもの
④譲渡の制限が付いているもの
⑤株主から会社への取得請求ができるもの
⑥会社による強制取得ができるもの
⑦総会決議に基づき全部を強制取得されるもの
⑧定款に基づく種類株主総会の承認、いわゆる拒否権のある株式
⑨種類株主総会での取締役・監査役の選任ができる権利のあるもの

そのほか、非公開会社では、①②③について株主ごとに異なる扱いを定款で定めることができ、その株式は前セクションの内容の異なる株式と見なされます。

様々な用途に発行される

例えば、会社の経営には興味がないが配当は多くほしいという投資家には、配当を優先的に受け取れる①と③を組み合わせた株式を発行できます。

また、少数株主の権利を強化する場合にも用いられます。株主総会の決議は原則多数決ですが、ある種類株式を持つ株主だけで構成される種類株主総会の決議を必要とすることも可能となります。

ただし、他の株主の利益を著しく害さないよう、一定の制限があります。

種類株式で多様な株主を作る

種類株式を発行することで、株主のニーズに合わせた株式ができます。この効果で、資金を集めやすくしたり、権利を拡充したりすることも可能です

組み合わせが可能な種類株式とは

株購入者のニーズに合わせられるのね

組み合わせの例

株式　無議決権・配当優先株

右ページ
①剰余金の配当を差別したもの→普通株式よりも高配当
③議決権を制限→議決権をなしとする（完全無議決権）

■会社の経営には興味がないが、配当をたくさんもらいたい投資家向け

株式　配当劣後・取得請求権付株式

右ページ
①剰余金の配当を差別したもの→普通株式よりも低配当
⑤会社への取得請求権あり→投下した資本を回収しやすく

■株主が資金を回収するタイミングを決定することができる

株式　譲渡制限・拒否権条項付株式

右ページ
④譲渡制限がある→譲渡はできないので金銭的価値は低い
⑧拒否権付のあるもの→決定を覆す強力な権限

■いわゆる「黄金株」（➡P184）。敵対的買収を防止するのに役立つ

種類株式は右ページ①から⑨単体でも
複数組み合わせでも、自由に選択できます

Memo

種類株主総会

会社は株主総会や取締役会の議決事項の一部を、ある種類株式を持つ株主だけで構成する種類株主総会の決議を必要とすると定款で定めることができる（法321～325条）

One Point

種類株式の意義

上記のように配当を差別化した株式発行することなどで投資を促進することができる。また、議決権をなくしたり、逆に拒否権を付けるなど決議を差別化することも可能だ

13 株式の「分割」「併合」って？

株式の流動性を高めたり、事務処理の軽減に使われ、会社を活性化させる

株式の流れを変える方法

会社の経営が長くなると株式の発行や業績の伸びで、株数が増えすぎたり、株価が上がりすぎたりします。どちらもいいことのように思えますが、株式が増えすぎると事務処理が煩雑になり、株価が高くなりすぎると新たな投資者が現れにくくなります。

その対処法が**「株式分割」**と**「株式併合」**です。

株式分割は現在の株式をいくつかに分ける方法です。例えば、1株を10株にすることで投資単位が低くなり、多くの投資家が買いやすくなります。また、株数が増えることになるので株価は理論上、安くなります。ただし、買いやすくなることによる人気で、逆に高くなることもあります。

株式分割をする場合は取締役会の決議、取締役会がない会社は株主総会の普通決議で決定します。

一方、**株式併合**は現在の株式をある単位でまとめてしまうこと。例えば、10株を1株とすることです。株数や株主が増えすぎたときなどに行います。株数が少なくなるので、理論上は1株の価値が上がることになります。

株式併合では1株未満の端数株が発生します。端数株は会社が買い取りますが、株主でなくなる人も出てくるため、手続きは厳格です。株主総会の特別決議（3分の2以上の賛成）が必要です。

単元株制度との関わり

すでに解説したように単元株とは、会社が定款で一定数の株式を1単元として定め、1単元の株式に1個の議決権を与えることです（⬇P126）。

単元株制度を設けていると、併合により1単元未満の株主も発生するため、注意が必要です。

なお、単元株制度を採用するかどうかは、会社の自由です。また、一度定款で定めた単元の株式数は、取締役会決議で減少や廃止ができます。

ポイント

株式の併合・分割で株主に魅力的な会社に

話題になることが多い株式分割は、高くなりすぎた株価を低廉化し、多くの人に買ってもらえる効果があります。また、併合は株式の数を少なくできます

株式の併合・分割のメリットとは?

1株の価値が変わるんだね

株式分割

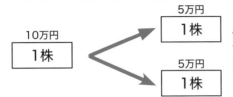

10万円 1株 → 5万円 1株 / 5万円 1株

例えば、1株10万円の株式を2分割すると、理論上、1株5万円となり、投資がしやすくなる

●メリット　1株あたりの単価が下がり、取引がしやすくなる

株式併合

5万円 1株 / 5万円 1株 → 10万円 1株

例えば、1株5万円の株2株を併合する。株主の管理コストの低減につながるが、併合の結果株主でなくなる人が生じるので手続きは厳格

●メリット　株式の増え過ぎた場合の事務手続の低減となる

株式分割は株主に不利益なことがないため
取締役会の決議だけで行えます

Break Time

株式分割で株価が上がる?

株式分割は理論上株価が下がるが、電子化以前の株式は印刷が間に合わないため、一時的に株券が市場から不足し、高騰する場合があった。これに目を付けたライブドア社は、平成16年に100倍の株式分割を何度も行い株価が急騰。本来、株式分割は会社の財産が増えるわけではないので、大幅な分割は自粛を要請された

14

自社の株を買うことができる？

自己株式の取得には様々な効果があり、注目される

金庫に株をしまう金庫株の解禁？

会社が自身の株式を購入するというのは少し奇妙な感じがしますが、平成13年の商法改正からこれが可能となりました。会社の金庫のなかに自社の株券を入れるイメージから、**「金庫株」**とも呼ばれています。

以前は、自社の株の購入は原則禁止されていました。しかし、自社株の購入が認められたことにより、資本金を変更することなく株数を減らせるようになりました。

自社株の購入（**「自己株式の取得」**）は様々な効果をもたらします。例えば、株価が安いときに自社株買いを行うことで、流通する株式数が減少します。1株あたりの価値が高まるので、株価の上昇につながることが期待できます。

また、株式が増えすぎたことによる事務処理の負担軽減、株主への配当を減少させる効果もあります。

自己株式の取得の方法

自己株式の取得には、株主総会の決議で取得する株式の種類と株数などを決定します。ただし、特定の株主だけから買い受ける場合は、株主総会の特別決議（3分の2以上の賛成）が必要となります。

自社株取得は、対価を支払う場合には、株主への払い戻しにあたります。そのため、無制限に行うと会社の経営を危うくしかねません。そこで、会社法では配当と同じように財源規制を設けています。

なお、取得した自社株は保有する場合と処分する場合があります。保有の場合には、期間の制限がありません。また、処分の方法は新株を発行するときに交付や消却するほか、新株予約権が行使されたときの対応などで利用できます。

ポイント

自分の会社の株を買う自己株式取得

自己株式取得は商法改正で解禁され、最近では多くの会社が利用しています。資本を減らすことなく1株あたりの価値を高めることができる場合があります

会社が自身の会社の株式を購入するときとは？

自社の株式を買うことを「自己株式の取得」といいます

自己株式の取得方法

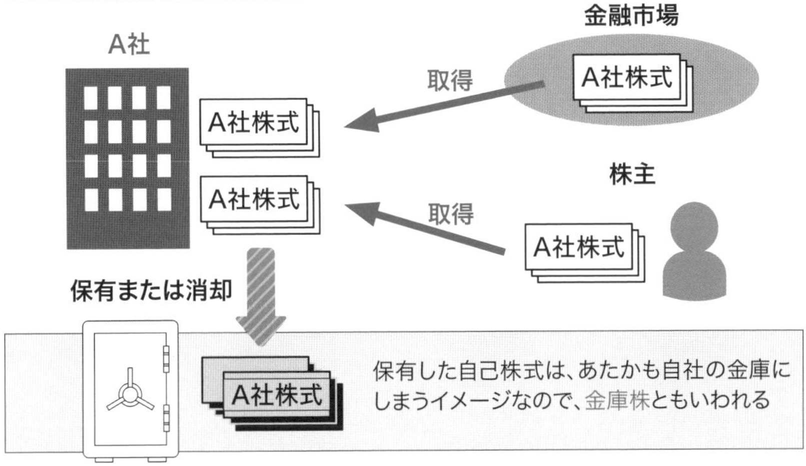

自己株式の取得は、株式の数を減らすことになる。なお、自己株式の取得には株主総会の決議、消却には取締役会（取締役非設置会社は株主総会）の決議が必要。保有した株式は、いつでも消却または処分できる

流通している株式が減ると希少価値が増すので、株式の価値が上がることがあります

One Point

自己株式の保有

会社は取得した株式を期間の制限なく保有できるが、その自己株式には議決権はなく（法308条2項）、また剰余金の配当もできない（法453条）

自己株式の消却・処分

会社は保有する自己株式をいつでも消却・処分することができる。消却は、発行済株式の一部を消滅させることで、処分は一度取得した株式を再び売却すること

15 株式を公開するメリットとは

証券取引所に株式を上場することで、資金調達が容易になる

公開で資金調達が容易に

「株式公開」とは一般的にＩＰＯ（Initial Public Offering）とも呼ばれ、東京証券取引所などの金融商品取引所で、その会社の株式が取引されるようになることです。上場ともいいます。なお、3章で解説した「公開会社」とは違います。混同しないように注意してください（⬇65ページ）。

さて、株式を上場することにより社会的な信用や名声を得たり、株式市場を通して資金調達ができるようになります。また、不特定多数の株主ができるため、所有と経営がきちんと分離されます。

株式を上場するには金融商品取引所の承認が必要です。その基準をクリアし、上場が決まれば、新株を発行して不特定多数の投資家から資金を新たに調達する**「公募増資」**ができるようになります。または、すでにある株式を市場で売り出すことも可能です。

メリットとデメリット

上場すると証券市場からの資金調達が可能になります。また、市場での評価により株価が上昇すれば、上場前の既存の株主は創業者利益を得られる場合があります。上場で、既存株主は大きな恩恵を受ける可能性があるのです。加えて、創業者が亡くなったときでも株式の換金が簡単になるので、会社の相続対策もたやすくなります。

しかし、最近はそれらのメリットよりも**「ＴＯＢ」**（⬇Ｐ１７８）などの買収を嫌がり、逆に非上場化する動きも多く見られるようになりました。これを**「ゴーイングプライベート」**といいます。

非上場化すれば、会社がＴＯＢの脅威にはさらされなくなるとともに、投資家に対する業績の情報開示など、金融商品取引法の義務もなくなります。多くの株主の監視がなくなることで、経営に自由度が増すことも考えられます。

広く大衆から資金調達ができる株式公開

株式を上場すると一般の投資家から資金を集めやすくなったり、会社の知名度が上がり、信用度のアップにもつながります

株式公開はメリットだけじゃない！

最近は、デメリットを嫌って上場を廃止することもある!?

株式公開のメリット

会社の知名度が上がり、信用度が増す

多額の資金調達が可能になる

知名度アップにより有能な人材が集まる

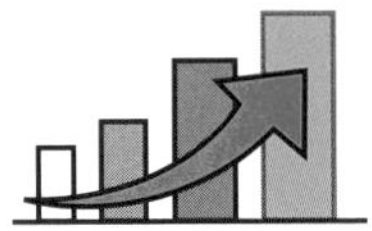

株式公開のデメリット

会社の支配が不安定になる

敵対的買収のターゲットになる

株主・株券の管理事務が増える

金融商品取引法の規制を受ける

株式公開のデメリットを解消するため、上場後に非公開化する動きも多い。
これをゴーイングプライベートともいう

株式公開はメリットとデメリットのバランスを考えて行うようになってきました

Memo

公募増資

株式公開時以外でも使われる方法で、設備投資などの資金を広く一般投資家から集めるのが目的。ただし、株式が増えることになるので、需要悪化が懸念されることもある

金融商品取引法

有価証券の発行や売買などの金融取引を公正なものとして、投資家の保護を図るための法律。平成18年に証券取引法を改正・改題して成立した

16 「社債」は会社の借金

株主構成を変更することなく資金調達ができるのが社債

長期の資金調達手段

「社債」は会社の資金調達方法のうち、多額で長期にわたって資金を確保できる方法です。会社の借金は事業を進めていくうえで必要なことなので、発行は取締役会が決定します。なお、社債を発行することを**「起債」**といいます。

起債する場合、一般の投資家など不特定多数に募集することが多いので、あらかじめ社債の総額、利率、償還期間などを決めて募集をします。

原則的に社債は、金融機関などの**「社債管理者」**によって管理されるので、比較的大きな会社が発行します。なお、社債管理者を置かなくてもよい場合には、受領した社債の管理は債権者自らが行いますが、令和元年の改正で、銀行や弁護士などの社債管理補助者に委託することが可能となりました。

中小企業版ともいえる**「少人数私募債」**と呼ばれる社債もあります。社債を引き受ける人（**「社債権者」**）の合計が50人未満のもので、社債管理会社の設置が不必要など、簡単な事務手続で発行できます。なお、会社法下では、社債は株式会社だけでなく、持分会社などすべての会社が利用可能です。

社債と株式の違い

株式は会社に配当剰余金がある場合のみ利益を受け取れますが、社債は剰余金の有無にかかわらず決まった利息を受け取れます。ただし、社債所有者は株主とは違って、（株主総会などで）直接的に会社の経営に口を出すことはできません。

会社が解散・清算する場合、株主はいちばん最後に残余金を受け取るのに対し、社債権者は最初に弁済されるので株式より安全といえるでしょう。

会社にとっては、銀行などの金融機関から借り入れるよりも融資の審査がないぶん、使い勝手がいいでしょう。ただし、金利は預貯金よりも優遇しないと、買い手が付きません。

会社の信用力に投資する社債

社債は株式と違い、会社の経営には参加しませんが、その対価として、金利を受け取ります。一般的に、預貯金よりも高金利なので、利用する投資家も多いのです

ポイント

社債の仕組みを理解しよう!

最初に株式との違いをみてみましょう!

社債と株式の違い

	払込金	資金の返還	株主総会への参加	
社債	負債に計上	元本+利息	不可	会社の債権者という位置付けで、会社経営には不参加
株式	純資産に計上	返還不要(禁止)	可	会社の社員(構成員)であり、会社経営に参加する

社債の発行

社債の発行主体となれるもの
株式会社 特例有限会社 持分会社 (合名会社、合資会社、合同会社)

剰余金がなくても社債権者には
定められた利息と元本の償還が必要です

Memo

社債券

株式と同様に、募集要項で定めたときだけ、社債を社債券というかたちで有価証券化する(法676条6号)。つまり、印刷されたかたちでなくともよい

One Point

社債の発行限度

平成5年以前の商法では社債権者保護のため、社債発行に限度額を設けていた。しかし、改正され、現在では長期信用銀行等以外では、上限金額の規制はない

17 新株予約権が付く社債とは？

▼新株予約権付社債は、社債の金利に加え、有利なときに株を購入できる権利がある

社債の安定性と株の投機性を併せ持つ

新株予約権についてはセクション10で解説しましたが、**「新株予約権付社債」**とは新株予約権と社債の権利両方を併せ持ったものです。

新株予約権付社債には、**「転換社債型新株予約権付社債」**と**「新株引受権付社債型新株予約権付社債」**の２つがあります。ただし、２番目は現在使われません。

転換社債型は、新株予約権が行使されたときには社債部分は消滅するものです。ただし、株式を購入するときに新たにお金を支払う必要はありません。

一方、新株引受権付社債型は、新株を取得するときには払い込みが必要です。社債は社債のままで存続します。

新株予約権付社債の発行は、社債の発行手順に準じます。

実際の運用は

転換社債型新株予約権付社債の例を見てみましょう（左ページの図も参照）。

社債に１００万円で１株を買うことができる新株予約権が１万円の価格で付いていたとします。

この先、株式市場で株式が値上がりして１１０万円になったとき、この新株予約権を使うことで会社から１株１００万円で購入し（社債が払込みに充てられる）、すぐに市場で売却すれば10万円の利益となります。

逆に１００万円未満に値下がりしたときは、権利を使うことはありません。権利の期限が来れば、１万円だけが損失となります。

どちらの場合でも債権の部分は利息を受け取り、債権の満期日（**「償還日」**）には元金全額が戻ってきます。つまり、新株予約権部分は、社債購入者へのお礼のようなものです。

新株予約権と社債をミックス

社債は企業が存続する限り安定して金利を受け取りますが、投機性が低いものです。その点、新株予約権付社債なら、両方のいいとこ取りができます

社債と株式の特徴を持った新株予約権付社債とは

安定性と収益のチャンスの両方があるのね

●転換社債型新株予約権付社債

社債部分

新株予約権部分

社債部分100万円
決まった利息がもらえ、償還日（満期日）には全額戻ってくる

購入金額1万円
A社の株式を100万円（権利行使価格）で1株購入できる（社債が払込みに充てられる）

償還日までの市場価格によって、収益が変化する

■新株予約権部分の利用例

●市場価格が110万円のとき＝権利行使価格よりも高値

①新株予約権を使ってA社から100万円で1株を取得
②そのまま株式市場で売却
→ **10万円の収益**

●市場価格が90万円のとき＝権利行使価格よりも安値

市場で購入したほうが安価なので、権利は使わない
→ **1万円のみの損**

新株予約権部分は行使しなくても大丈夫
ただし、その金額は返却されません

One Point

新株予約権付社債の発行

発行には新株予約権に関する規定と社債に関する規定の両方が適用されるとともに、新株予約権付社債の規定もある。社債に対する新株予約権の数は、金額ごとに均等である必要がある

新株予約権付社債の手続き

株式会社で公開会社では、原則として取締役決議で発行する。転換社債型の新株予約権付社債の場合は、その趣旨を定める必要がある（法236条1項3号ほか）

18 会社の情報を気軽に漏らすと…

会社の決算や事業展開などを他人に伝えると刑罰に処される場合もある

会社の情報を漏らすと処罰される？

総会屋とともに会社の姿勢が問われる事件に**「インサイダー取引」**があります。インサイダー取引は会社の未公開情報を他者に漏らし、それにより有利な証券取引をすることです。

一般には知られていない会社の情報を利用し、有利に株式売買をするインサイダー取引は、投資家や株主の信頼を著しく損なう行為とされ、重い刑罰に処されます。

違反者には5年以下の懲役または500万円以下の罰金が科され、インサイダー取引で得た財産も没収されます。

インサイダー取引の規制に該当するのは、なにも上場会社の役員などだけではありません。従業員や顧問弁護士なども対象者です。また、現在上場していなくても、近々上場を予定している会社も対象となります。

上場会社の関係者は株取引が規制される

証券会社に口座を開こうとするとき、上場会社の関係者は内部者登録が必要となります。インサイダー取引でないことが確認できない限り、その会社の株式の売買はできません。この規制は、本人だけでなく配偶者や同居人にも適用されます。

この会社関係者の定義は広く、例えばマスコミ関係者などが内部の者を取材して得た情報で株式売買をした場合にも適用されます。直接的な関係者だけが対象ではないのです。

一般の企業はインサイダー取引に関するルールの整備が不十分なことが多く、なにげない株式売買でもインサイダー取引とされてしまうおそれがあります。インサイダー取引に対する刑罰は次第に厳しくなっており、また、違反した企業名なども公表されることがあるため、対策を怠ると企業の社会的信用を大きく失うことになりかねません。

会社の機密保持に慎重を期す必要性

会社の情報を証券取引のために使うとインサイダー取引として、処罰されます。社内の人間はもちろん、伝え聞いた場合も対象になることがあり、注意が必要です

インサイダー取引には気を付けよう!

上場企業の関係者なら、誰でも対象になる?

該当の可能性がある者

- 会社の役員や従業員
- 会社の帳簿が閲覧できる株主
- 親子会社の役員や従業員
- 会社の公認会計士や弁護士

　など

＋

重要な事実とは

- 株式の発行や分割などの情報
- 新製品の開発状況
- 業務に起因する損害
- 業績の著しい変動

　など

重要な事実を知り得る関係者が、
情報の「公表」前にその情報をもとに当該会社の株取引を行う

インサイダー取引規制に抵触

上場会社等の会社関係者で、職務に関して会社の重要事実を知った者は、
その事実が公表されたあとでなければ、
その会社の株式等の有価証券の売買ができない

違反者は刑罰と取引で得た財産の没収、課徴金が科される

すべての投資家が
公平な取引ができるための必要な規制ですね

Memo

事実の公表

重要事実が会社によって2つ以上の報道機関に公開されて12時間が経過、または証券取引所の適時開示規則によるインターネットで閲覧可能になること

インサイダー取引規定

金融商品取引法で、インサイダー取引規定と相場操縦禁止規制が設けられている。相場操縦とは、知り得た内部情報で、都合のいいように株価などを上下させること

19 少ない株式では意味がない？

会社法では大株主だけでなく、少数株主の意見にも耳を傾ける制度がある

一定以上の保有で認められる権利

株主総会での議決は多数決なので、少数派の株主が反対しても、多数派の意見がとおっていきます。これでは、投資意欲が減退していきます。

しかし、意見がとおらないからといって株式を手放して、会社の経営に参加するのをあきらめようと思っても、株式譲渡制限会社だとなかなか株式を売却できません。上場企業であっても、損をするようなときに株式を手放すのは、できれば避けたいものです。

このように一定割合の株式を持つものの少数派となってしまう株主の利益を守るため、会社法では様々な権利を認めています。これを**「少数株主権」**と呼びます。

ただし、一定数の株式の保有が条件で、どのような株主にも認められているわけではありません。例えば、株主総会の招集手続の検査を請求するためには、議決権の100分の1以上の保有（公開会社では6か月前から引き続き株主であること）が必要です。

なお、1単元しか株を持たない単独株主権（➡P124）と少数株主権とは違いますので、注意が必要です。

少数株主の権利

少数株主には、会社に意見を聞いてもらう権利、会社の情報を閲覧する権利、役員の不法行為を告発する権利があります。

もちろん、1株（1単元）しか所有しない株主の話も会社は聞かなくてはいけませんが、少数株主であれば、これをさらに株主総会の俎上（そじょう）に載せることができるのです。

取締役は、全体の株式の3%以上を保有する株主から請求があったら、臨時株主総会を招集しなければなりません。

ポイント

少数株主でも、会社の経営に参加可能

株主総会などでは多数決が原則ですが、少数株主でも発議ができるよう、会社法は定めています。これは、会社の独占的な経営を避けるための処置でしょう

少数株主に認められている権利とは?

少数派の株主の権利も
認められているんですね

3種類の権利と必要な株式

① 会社に意見を聞いてもらう権利	② 会社の情報を閲覧する権利	③ 役員の不正行為を告発する権利
総議決権の10分の1で権利発生	総議決権の100分の3で権利発生	総議決権の100分の1で権利発生
解散請求権 …①	株主総会招集請求権 帳簿閲覧権 } ② 清算人解任請求権 取締役解任請求権 監査役解任請求権 } ③ ほか	株工提案権 …① 総会検査役選任請求権 …③

全株式の10分の1など一定の要件で権利が発生する

会社の暴走を防ぐ意味も
ありそうですね

ある一定の株式を持っていれば、
会社は権利を認めなくてはいけないのです

One Point

株式の保有期間の要件

少数株主権を行使するには、株式の保有期間に条件があるものがあり、提案権(法303条、305条)や総会招集権(法297条)では、行使前6か月からの保有が必要

株主平等原則での少数株主権

内容が同一の株式は権利も同一とされる株主平等の原則から外れているとも思われる少数株主権。これは、法律が株主平等原則の例外を定めたものと解釈することがある

20 「株主代表訴訟」で会社の不正に対抗

役員の不正で会社に損害があったとき、株主が行う訴訟

株主が役員の責任を追及

株式会社の株主が、会社を代表して取締役等の法的責任を追及するための制度を**「株主代表訴訟」**といいます。

取締役等が定款、法令に違反して会社に損害を与えた場合、会社法は「取締役等に損害賠償を負わせる」としています。しかし、取締役等はお互いの保身のため、かばい合って隠蔽することも考えられます。また、事業の監督や事業を遂行する取締役を会社が自ら追及できるかというと、むずかしいものがあるでしょう。

そこで用意されたのが、株主の権利と会社を守るための株主代表訴訟です。訴訟の6か月前から引き続き株式を所有している株主であれば、1株（1単元）株主であっても提訴できます。なお、株式譲渡制限会社では株式保有期間6か月の制限はありません。

株主代表訴訟の手順

とはいえ、いきなり株主代表訴訟を裁判所に提訴することはできません。

まず、会社に対して取締役等の責任を追及するように請求します。会社が60日以内にその取締役等を提訴しなかった場合、はじめて株主代表訴訟を起こすことが可能となります。

当たり前ですが、個人の利益だけを目的とする株主代表訴訟は認められません。あくまで、会社の利益のための訴訟なのです。

株主が勝訴した場合、訴えられた取締役等は会社に対して賠償をしますが、責任の一部免除制度もあります。これは経営陣が株主代表訴訟を怖れ、経営が萎縮するのを防ぐためです。

株主が敗訴した場合、株主はかかった費用を請求することはできないものの、逆に会社に対して損害賠償責任が生じることはありません。

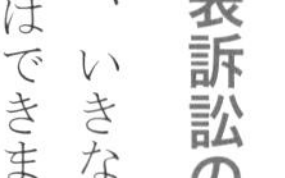

ポイント

取締役等の不正から株主を守る

株主代表訴訟は、株主が会社を代表して、会社の利益を損なった取締役などを追及するものです。これにより、悪意のある取締役等から会社の利益を守ります

株主の権利「株主代表訴訟」の手順

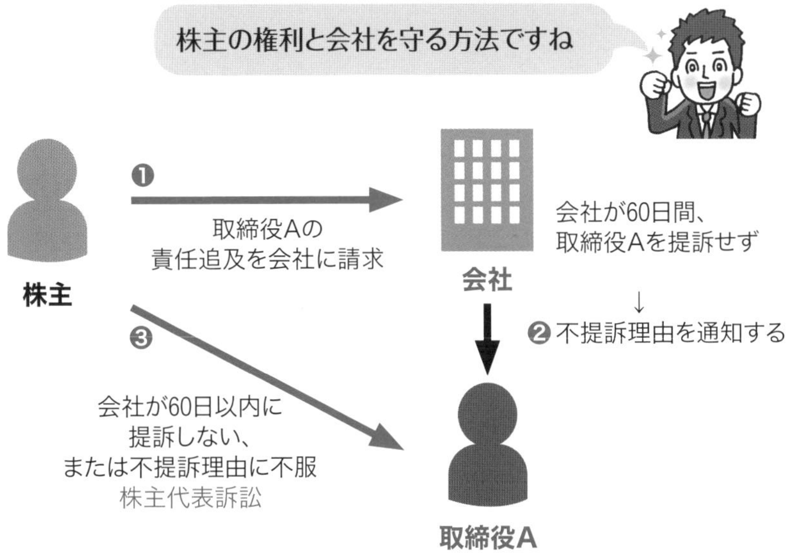

以下の場合には、株主代表訴訟ができない

・株主が、自分自身や関係者に不正な利益を獲得させようと意図するとき
・株主が、会社に故意に損害を与えようと企てているとき

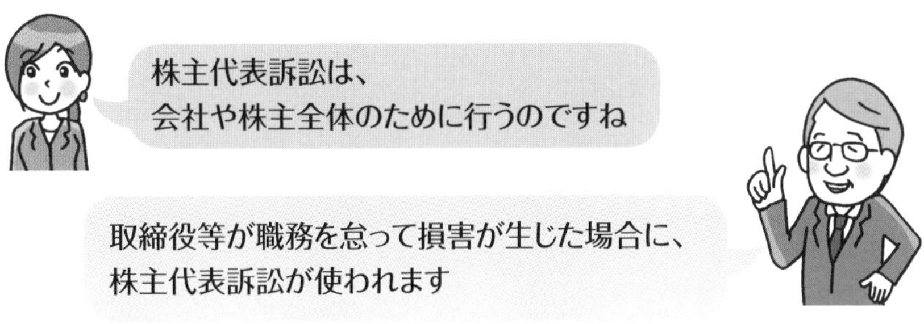

株主代表訴訟は、
会社や株主全体のために行うのですね
取締役等が職務を怠って損害が生じた場合に、
株主代表訴訟が使われます

Memo

株主代表訴訟

会社法上の用語ではない。取締役等の責任追及の訴えのうち株主が追及するものの通称。平成26年法改正では、多重代表訴訟制度を導入した

多重代表訴訟

平成26年法改正で導入されたもので、親会社株主に子会社の取締役等の子会社に対する責任を追及する制度。完全親会社等の株主による特定責任追及の訴えという（法847条の3）

21

取締役等の報酬は誰が決める？

▼取締役自身が報酬を決めると公平性に欠けるので、会社法は規定を設けている

自身で報酬を決定できるか？

取締役の報酬はどうのように決定されるのか、考えたことはありますか？

取締役の報酬を取締役会で決定することは、自身に有利な決定ができるおそれがあります（いわゆる「お手盛り」）。会社法では、取締役の報酬は、定款で定めるか、株主総会の決議で行わなければならないとしています。

しかし、定款に取締役の報酬を定めている会社はほとんどなく、多くは株主総会で決めることになります。さらに、株主総会では個々の取締役の報酬を決定する必要はなく、総額だけを決めます。

なお、報酬委員会を設置している会社では、この委員会で決定します。報酬委員会のメンバーの過半数は社外取締役なので、客観性が保たれており株主総会が不要なのです。この場合は、総額ではなく、個々の取締役の報酬を決定します。

なお、監査役や会計参与の報酬も、取締役と同様の手順で決定します。

取締役の報酬の種類

一般の従業員の場合、月額の報酬に加え、賞与や退職金などがあります。取締役も同様で、月額報酬、賞与、退職慰労金の3種類の報酬が用意されています。

これらについても株主総会でその額を決定します。ただし、退職慰労金はそのときに退職する取締役が1人のときは、額が公になってしまい、不都合なことがあります。そのため、退職慰労金は総額ではなく、株主総会では支給基準を示すことにとどめることを認められています。

取締役は、報酬を取り決めたうえで、会社から業務を委任されています。そのため、業績が予定どおり上がらなかった場合でも、減額するためにはその取締役の同意がないとできません。

ポイント

取締役等だけが得をしないようにする仕組み

会社は株主が所有するものなので、取締役が自身の報酬を決めるのは不公正であり、また、株主の利益を害します。そのため、報酬決定には手続きがあるのです

取締役等の報酬はこうして決まる！

取締役等の報酬も公明正大なんでしょうか？

取締役等の報酬決定手順

■報酬委員会のない会社

株主総会

定款または株主総会普通決議で決定

・金額は、取締役等の報酬総額から分配
・退職慰労金は支給基準に準じる

■報酬委員会のある会社

報酬委員会

報酬委員会が個々の報酬を決定

報酬を下げる場合

取締役等

取締役は、報酬を取り決めたうえで、会社から業務を委任されている。業績が予定どおり上がらなかった場合でも、報酬の減額は取締役本人の同意が必要

報酬委員会の過半数は
社外取締役なのでしがらみがありませんね

取締役等であっても
自らの報酬を自ら決めることはできないのです

Memo

報酬委員会

報酬委員会では、取締役等が受け取る個人別の報酬の内容の決定に関する方針を決めたうえで、それに従って報酬、賞与などを決定する（法409条）

報酬

報酬には、金銭以外の現物報酬も含まれる。また、会社法では賞与等も報酬と同じ規制がかかっている。これらを報酬と合わせて報酬等という（法361条1項）

COLUMN

大切な決算に必要な計算書類だが…

会社法では、会計基準を定めていない!?

会計基準とは、会計処理や会計報告のための法規範のことですが、会計基準そのものは国が制定することはなく、慣習法としてとらえられています。

日本の会計基準は、旧大蔵省の企業会計審議会で制定されてきましたが、平成13（2001）年以降は財団法人財務会計基準機構の企業会計基準委員会が制定しています。

さて、会社法は会計について**「株式会社の計算は一般に公正妥当と認められる企業会計の慣習に従う」**とだけ規定しています。

さらに会社の計算について定めた会社法の法務省令・会社計算規則では**「この省令の用語の解釈及び規定の適用に関しては、一般に公正妥当と認められる企業会計の慣行を斟酌しなければならない」**としています。

なんだか、あやふやですが、この「公正妥当」とは前述の企業会計基準委員会が開発した基準を指しているものとされます。会社計算規則だけをみても、どのように会計処理をしなければいけないのかはわからないのです。

本書で述べてきたように、会社は年に1度、決算を行わなければなりません。そこで発表される計算書類は、会社法ではなく会計基準に従うことになるのです。

また、上場企業は会社法に加えて、**金融商品取引法**上の規制も受けます。

金融商品取引法も**「企業会計原則や連結財務諸表原則をはじめ、一般に公正妥当と認められる基準に従って作成」**と、やはり公正妥当が出てきます。

ここで注意が必要なのが、金融商品取引法と会社法が従う会計基準が異なるということではありません。作成する書類が違うということです（➡P212）。

会計基準を国が定めることはありません。
国際情勢などに伴い機動的に制定されています

第 5 章

会社のかたちが変わるって、どういうこと？

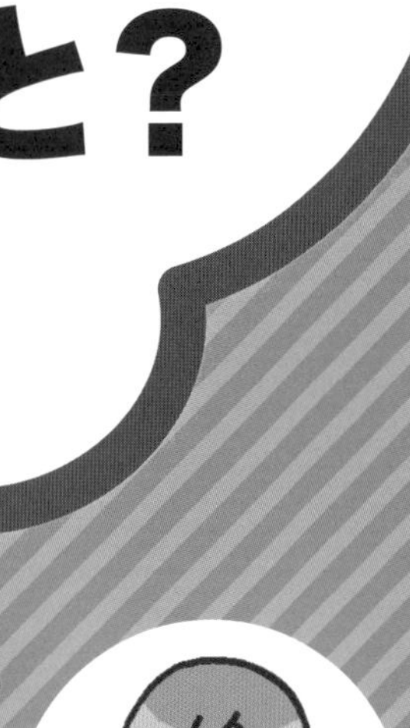

会社のかたちが変わるって、どういうこと？

わた わた
そういえば、新しい関連会社を作るとかって話を忘れてた！
もう、そもそも新規プロジェクトに必要だから、会社法を学んでいるんでしょ？
はっ
会社法は、子会社を作ったりする新規プロジェクトにももちろん必要ですが、ビジネスパーソンとして知っておいて損のない法律ですよ
ぬっ
はい！
シャキーン
でも、合併とか分割とか、新株予約権とか…
合併
分割
新株予約権
あわわわ…
なんか、デジャブを見ているみたい…
この章では、まさに合併や分割など会社のかたちが変わることを学んでいきます

会社のかたちを変えるのにも、会社法が関係しているんですね
会社法はもちろん、金融商品取引法や独占禁止法なども関係しますね
ぐるぐる
もう
そんなことだと、会社がなくなっちゃうよ！
「会社がなくなる」ってことは会社のかたちがなくなることですね！
はっ
倒産についても会社法で決められているんですか？
あら鋭いわね
えっへん
この章では会社がどのような方法で変わっていくのか詳しく見ていきましょう
先輩！僕の成長もじっくり見てくださいね！
それはいいから先いくよ！

01 「M&A」ってなんのこと？

直接的には企業の合併・買収を意味するが、複数企業同士の組織再編の意味で幅広く使われる

多種多様な方法があるM&A

「M&A」のMが表すのは合併（Mergers）、Aが表すのは買収（Acquisitions）です。この言葉は、両方を合わせて**「複数企業同士の組織再編」**という意味で、ビジネスの現場などで幅広く使われています。

企業がM&Aを行うねらいは**「業種の異なる事業を獲得して新しい分野に進出する」「同種の事業や同業他社を手に入れて規模を拡大・強化する」「グループを再編」**など、様々です。

株式の高値での買い取りや多額の剰余金配当を相手の企業に求めてM&Aをする**「敵対的買収」**（⬇P182）が行われることもあります。昨今の企業の経営者は、これに対する自衛策を講じる必要があり、経営だけをしていればいいというものではなくなってきました。

また、会社を立て直す場合（⬇P194、196）に、株主の責任を明らかにしたり、スポンサーを得て企業の支配体制を変えたりする目的で行われることもあります。

M&Aは、しばしば株式の移転を伴います（左ページ参照）。正確には企業そのものを買うというより、その支配権を得ることを目的に行われます。株主総会では持ち株数に応じて議決権が与えられるので、議決権全体の過半数の株式を取得すれば、会社の重要事項を決めることができるのです。

M&Aでできること

具体的には**「事業譲渡」**（⬇P160）、**「合併」**（⬇P164）、**「会社分割」**（⬇P168）、**「株式交換・株式移転」**（⬇P176）、株式取得などの手段があります。

それぞれいろいろな方法があり、例えば株式取得なら、**「第三者割当増資」「TOB」**（⬇P178）、**「MBO」**（⬇P180）などがあります。

ポイント

複数企業同士の組織再編

M&Aは複数企業同士の組織再編を意味し、種類は多様です。株式の多数を得ることで支配権を握り、新規事業進出や規模の拡大などを目的になされるのです

様々な種類があるM&A

M&Aといっても、1つの種類だけじゃないんですね

M&A = Mergers & Acquisitions

Mergers：合併　Acquisitions：買収

- 市場拡大と独占
- 競争力の強化
- 他社との競争回避
- 企業規模の拡大
- 異業種への進出

事業譲渡 ある事業の一部または全部を他の会社に譲渡する。事業にはノウハウなども含まれる ➡P160

合　併 新設合併と吸収合併の2つがある。合併は会社法だけでなく、独占禁止法などの規制を受ける ➡P164

会社分割 会社の事業の全部または一部を他の会社に譲渡する。事業譲渡とは違い対価は原則株式である ➡P168

TOB Take Over Bidの略で、株式公開買付けのこと。金融商品取引法27条の2で規定されている ➡P178

MBO Management Buy-Outの略で、会社の経営陣がその会社の株式や事業を買い取ること ➡P180

株式移転 新規に会社を設立する場合に、その会社を既存の会社の100%親会社にする ➡P176

株式交換 すでに存在する会社を他の既存会社の100%親会社にする場合に利用する ➡P176

新株発行 会社の資金調達の1つだが、株主の構成を変更する。法改正で手続規制が強化された

株式の買い占め その企業の意向に関係なく、一方的に株を買い集める。経営支配目的と投資目的などがある

第三者割当増資 新株発行の1つで、特定の第三者に株式を発行すること。現状の株主に発行することも可能

会社法の成立によって、いままでの組織再編の制度が大幅に変わったのです

One Point
買収・再編・提携

一般的に、第三者に売却するものを第三者から見て買収(M&A)、企業グループ内での事業の移転を再編という。平成11年の商法改正から、法の整備が進んできた

Memo
組織変更

株式会社から合同会社などの持分会社に変更する場合を組織変更という(持分会社から株式会社へも同様)。ただし、持分会社の種類の変更は、組織変更とはいわない

02 M&Aに必要な事前調査とは？

M&Aを行う際には、対象企業を精査する「デューディリジェンス」が必要である

対象企業の不具合を調べる

M&Aを行おうとする企業が、買収対象企業の精査をすることを**「デューディリジェンス」**といいます。

M&Aを行うと、相手企業の全部や一部の事業が自社のものになったり、親子関係ができたりします。その場合、もし相手企業になんらかの不具合や不祥事があったりしたら、M&Aを行った企業は金銭面の損害のみならず、社会的な評価を落とす可能性もでてきます。M&Aを実行したあとでは、損害賠償を請求しようにも、その対象が自社の内部になってしまっているため、どうしようもありません。

そこで、M&Aを行う企業は、基本合意をしたのちに、最終契約に至るまでは対象企業のデューディリジェンスを行い、なにか問題がないかチェックするわけです。

おもに会計監査と法務監査を行う

デューディリジェンスには、おもに2つの方法があります。

1つは**「会計監査」**で、対象企業の財務内容をチェックします。具体的には、会計書類の真実性、利益の予想、簿外債務の有無などです。

もう1つは**「法的監査」**で、対象企業の契約内容や紛争の有無などを調べます。労働紛争の有無、知的財産権の登録状況などが精査されます。

調査は、公認会計士や弁護士、弁理士、不動産鑑定士などの専門家が行い、内容は報告書に起こされ、経営者が最終決定を行う材料として使われます。

デューディリジェンスの結果、対象企業になんらかの問題があった場合は、M&Aそのものを中止するか、価格を修正したり、問題の解決策を見付けるなどの判断が必要になります。

ポイント

最終契約前に対象企業をチェック

企業がM&Aをする場合は、最終契約の前に対象企業の会計や法務の内容を精査するデューディリジェンスを行うのが一般的です

デューディリジェンスの流れを把握しよう

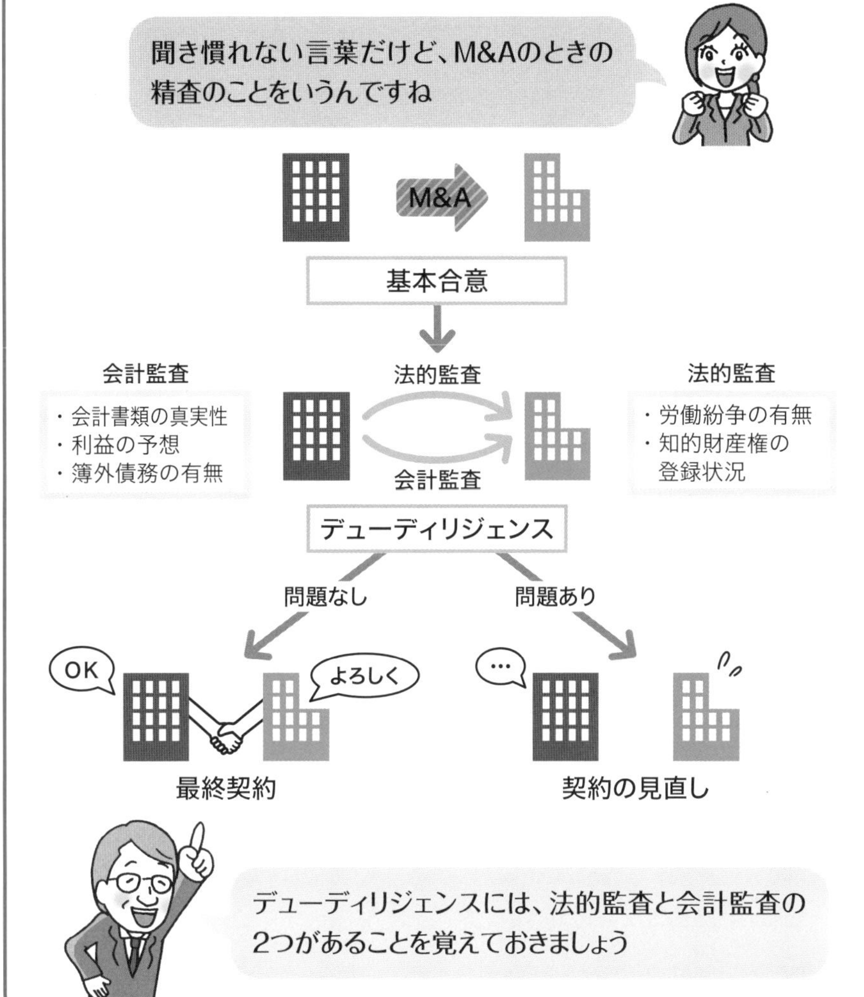

Memo

「Due」+「Diligence」

デューディリジェンスは、上記の語を組み合わせたもので、直訳すれば「当然の努力」となる。投資をするとき、本当に十分な価値があるか、リスクはないのかを詳細に調査する作業をいう

デューディリジェンスの種類

大きく分けて、ビジネス・デューディリジェンス、ファイナンシャル・デューディリジェンス、リーガル・デューディリジェンスの3つがある。公認会計士や弁護士、弁理士の専門家が参加

03

「事業譲渡」ってなんのこと？

事業譲渡とは、事業の一部またはすべてを企業同士で売買すること

一部またはすべての事業を売買

「事業譲渡」は、自社の一部またはすべての事業を他社に売り渡すことです。この場合の**「事業」**とは、その事業のために組織され、機能している財産のすべてを指します。具体的には、その事業を運営する組織の得意先やノウハウなど、利益を生むものはすべて含まれます。

事業譲渡は通常の売買契約と同じなので、買おうと思う事業の資産や負債を選択できます。事業を買う会社は、対象事業の調査を行い、ほしい部分だけ手に入れることができるのです。

事業譲渡を行う場合は、当事者間で**「秘密保持契約」**を締結し、事業を買う側が売る側の事業のデューディリジェンスを行い、その判断の下に最終的な事業譲渡契約が結ばれます。

事業譲渡の対象が売る側の会社の事業の全部または重要な一部の事業の場合、売る側の会社では原則として株主総会の特別決議（3分の2以上の賛成で可決）が必要です。また、対象事業が全部の場合は、事業を買う側の会社も、株主総会の特別決議が必要になります。

債権者には個別の同意が必要

事業譲渡をする場合、事業を買う会社には求められることがいくつかあります。

例えば譲渡される事業に債権者がいる場合は、事業を買う会社は、その債権者や契約の相手に個別の同意を得る必要があります。ただし、債権者保護手続は必要ありません。

また、事業を行うための許認可の取り消しをしたり、移転することになる従業員への個別の同意を取ったりする必要もあります。

このほか、株主保護の原則によって、事業譲渡に反対する株主には、強制的に株を買い取らせる**「株式買取請求権」**が与えられます。

ポイント

買う側は資産や負債を選択できる

企業同士の取引で一部またはすべての事業を売買する場合、買う側の会社は「どの部分を買って、どの部分を買わないのか」を選ぶことができます

事業譲渡の例を見てみよう

会社の一部を他社に譲るってことかな

■B社がA社にビル賃貸事業を譲渡

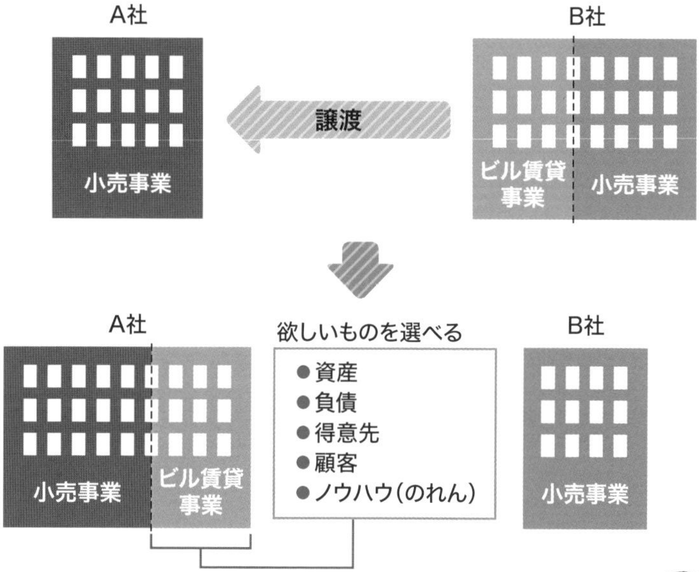

有形の財産だけでなく、得意先やノウハウなども譲り受けることができます。
これは「のれん」といわれるものです

Memo

のれん

ノウハウなどが含まれるので「のれん分け」に近いニュアンスもある。会計用語では、買収時などに発生した「買収された企業の時価評価純資産」と「買収価額」との差額のことをいう

One Point

競業の禁止

事業を譲渡した会社は当事者の意思表示がない限り、同一市町村などの近隣区域ではその事業を譲渡した日から20年間、同一の事業を行うことが禁止されている（法21条1項）

04 子会社を譲渡するには？

平成26年会社法改正で、子会社を譲渡する場合も株主総会の特別決議が必要になった

子会社譲渡は株主総会の承認が必要に

自社の子会社の株式を譲渡する場合、以前の会社法では、帳簿上の価額に関係なく、株主総会の承認なしに譲渡できることになっていました。一方、総資産の5分の1を超える**「事業」**を譲渡する場合は、株主総会の特別決議を必要とすることになっています。

「子会社の譲渡」も事業譲渡も、事業に対する支配権を失うことは同じなのに、決まりや手続きは違っていたのです。そのため以前から、株主保護の必要性は同様に考えるべき、との議論がありました。

そこで、平成26年会社法改正で次の場合は、子会社の株式を譲渡するとき、株主総会の特別決議が必要となりました。

❶譲渡する子会社株式の親会社の帳簿上の価額が親会社の総資産額の5分の1を超える

❷❶に加えて、その譲渡によって親会社が子会社の議決権の過半数をなくす

株主には株式買取請求権を付与

❶の規定によって、子会社を譲渡する場合と総資産の5分の1を超える事業を譲渡する場合のバランスが取れるようになりました。❷の規定がある理由は、親会社が子会社株式の譲渡によって子会社の支配権をなくすときのみ、事業譲渡と同様の影響を親会社が受けるからです。

なお、子会社の譲渡に反対する株主には、事業譲渡の場合と同様、子会社を譲渡する親会社に対する株式買取請求権が与えられます。

企業経営が苦境に陥った場合、当面の資金を得るために子会社を譲渡することは、比較的よく行われてきました。しかし、子会社譲渡に株主総会の承認が必要になったことで、迅速な資金調達ができなくなるおそれもあります。経営者は、そのことをよく認識しておく必要があります。

子会社譲渡が迅速にできなくなった

子会社の譲渡は、子会社株式の親会社の帳簿上の価額が親会社の総資産額の5分の1を超えるなどの場合は、株主総会の特別決議が必要です

ポイント

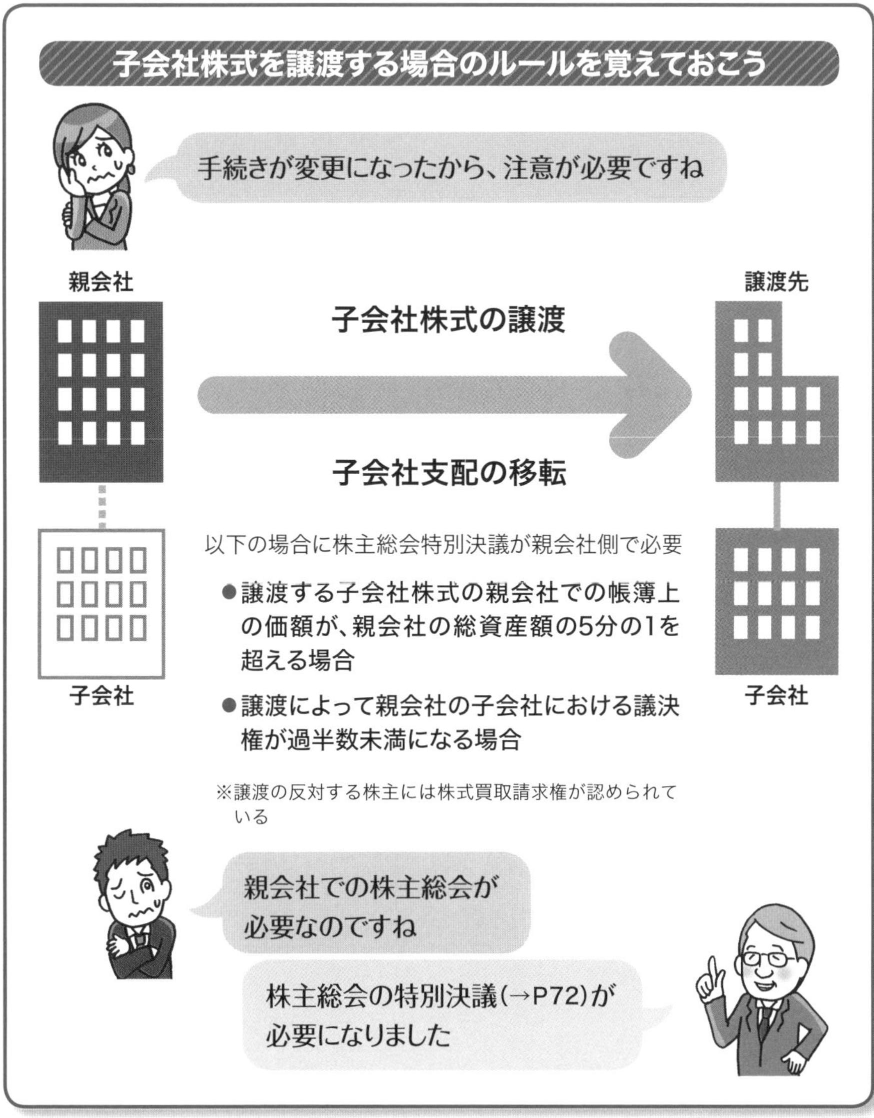

子会社株式を譲渡する場合のルールを覚えておこう
手続きが変更になったから、注意が必要ですね
親会社
子会社株式の譲渡
譲渡先
子会社支配の移転
子会社
以下の場合に株主総会特別決議が親会社側で必要
●譲渡する子会社株式の親会社での帳簿上の価額が、親会社の総資産額の5分の1を超える場合
●譲渡によって親会社の子会社における議決権が過半数未満になる場合
子会社
※譲渡の反対する株主には株式買取請求権が認められている
親会社での株主総会が必要なのですね
株主総会の特別決議(→P72)が必要になりました

Memo

子会社の売却は会社の性質を変える

主要な子会社の売却は、会社の性質を様変わりさせるものであり、これは株主にとって投資先の重要な変化であるため特別決議が必要なのは当然といえば当然と考えられる

親会社と子会社

会社法では、財務および事業の方針の決定を支配するのを親会社としている(法2条3、4項、規則3、4)。また、平成26年法改正で、新たに定義も追加されている

05 「合併」ってなんのこと？

新設合併と吸収合併の2種類。実際に行われるのは吸収合併がほとんど

複数の会社が1つになること

「合併」は、2つ以上の会社が、会社法上の契約手続に従って1つの会社になることで**「新設合併」**と**「吸収合併」**の2種類があります。

新設合併は、合併する当事者の会社（「当事会社」）がすべてなくなって、新しい会社を設立することです。新しく株券を発行したり、上場手続のやり直しをしたりしなくてはならず、手間がかかるので実際にはほとんど行われていません。

そのため、合併のほとんどは、吸収合併です。これは、当事会社のうち1社のみが存続し（**「存続会社」**）、その他の当事会社（**「消滅会社」**）は存続会社に吸収されるものです。

吸収合併の場合は、消滅会社は解散し、清算手続なしで消滅します。消滅会社のすべての権利義務は、存続会社に受け継がれます。

消滅会社の株主には、存続会社の株式、社債、新株予約権、金銭などが交付されます。株式の交付を受けることで、消滅会社の株主は存続会社の株主になります。

3つの当事会社が現れる三角合併

吸収合併が行われる場合、存続会社に親会社がある場合は、消滅会社の株主には存続会社の親会社の株式を交付することもできます。

この場合、消滅会社の株主は、存続会社の親会社の株主となるわけです。合併に3つの当事会社が現れるので、これを**「三角合併」**といいます。

親会社が海外企業の場合、三角合併によって、日本の会社が容易に外国企業に吸収されるおそれがあるという意見もあります。しかし、合併手続には、消滅会社でも株主総会の特別決議（3分の2以上の賛成）が必要でハードルが高く、日本の大企業が外国企業に吸収される可能性は、現実的には低いといえます。

ほとんどの合併が、吸収合併

2つ以上の会社が会社法上の契約手続を経て1つの会社になる合併は、1つの当事会社が他の当事会社を吸収する場合がほとんどです

吸収合併と新設合併をイメージしてみよう

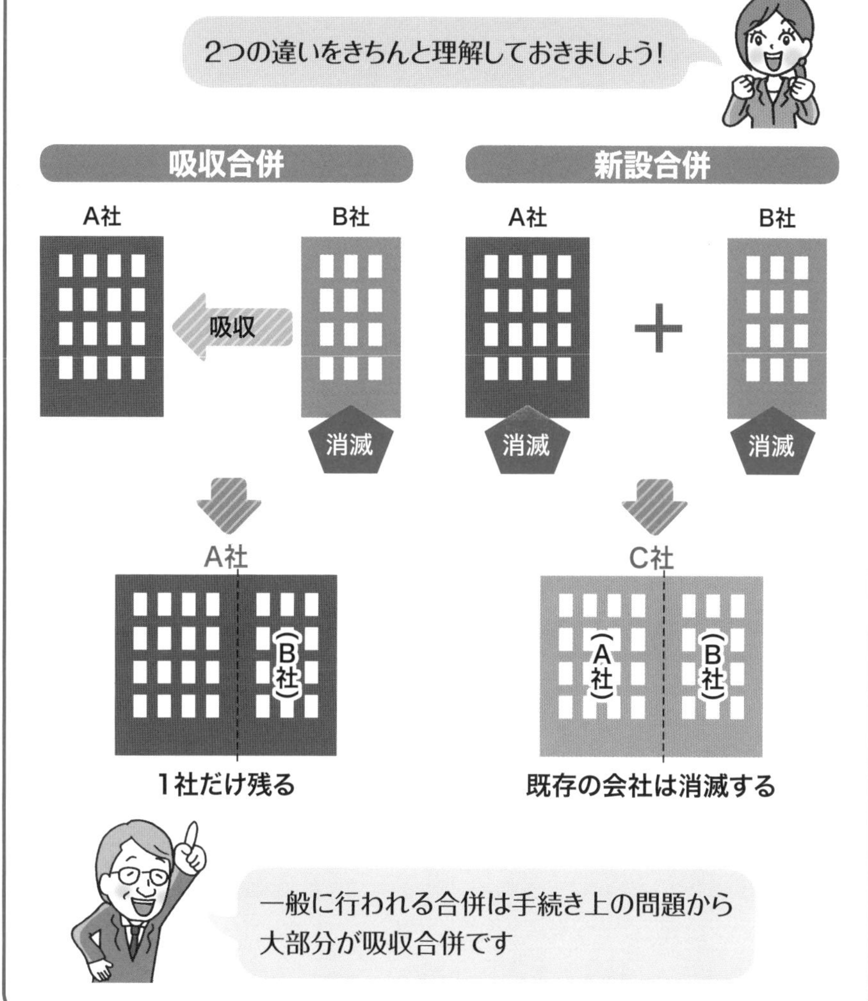

Memo

吸収合併と事業譲渡

両者は似ているが次のような違いがある。①合併は消滅会社の財産の一部除外ができない、②合併では消滅会社は解散・消滅し、株主は存続・新設会社の株式などの対価を受け取る、③合併では消滅会社の債務は存続・新設会社に引き継がれるため、会社債権者異議手続が要求される、④合併では合併契約が必要だが、事業譲渡では不要、⑤合併は合併無効の訴えができるが、事業譲渡では不可

06 合併の手続きとは？

合併は各当事会社で株主総会の特別決議が必要。債権者や反対株主の保護も行われる

吸収合併の流れ

複数の企業が合併をする場合、当事会社間で契約書を作成し、合併契約の効力が発生する日の前日までに、各当事会社の株主総会に提出、特別決議で承認を得る必要があります。総会の招集通知には、合併契約の要領が掲載されます。

企業が合併をすると、負債も資産も一体となり再計算されることになるので、債権者保護手続（⬇P55）も行われます。これは、合併の効力が発生する日までに終えなくてはなりません。

当事会社はそれぞれ、「合併について異義がある債権者は一定期間のあいだに異議を出してほしい」という旨を国が発行する官報に掲載し、また把握している債権者に対しては、通知と手続きをすることを促します（催告）。ただし、官報のほかに定款で定める新聞に掲載するか電子公告を行えば、個別の催告は必要ありません。

債権者が異議を述べた場合、当事会社は①債務の弁済、②債務に見合う担保を供する、③弁済のための相当財産の信託の設定――のいずれかをします。

また、合併に反対する株主は、株式買取請求権を行使できます。その金額に不服がある場合は、裁判所に決定を求めることができます。また、消滅会社の新株予約権を持っている人には、新株予約権買取請求権が認められています。

合併の効力は契約で決めた日に発生

合併の効力は、契約で決めた日に発生します。存続会社の取締役は、その日から、**「債権者保護手続の経過」「消滅会社から承継する権利義務」**などの重要事項を記載した書面を本店に備えなければなりません。これは、効力発生日から6か月間続ける必要があります。

存続会社の変更登記、解散会社の解散登記が行われて、合併の手続きは完了します。

合併の当事会社は株主総会の承認を受ける

合併する場合、各当事会社は合併契約の効力が発生する日の前日までに、株主総会の承認を受け、存続会社の変更登記と解散会社の解散登記を行います

ポイント

合併のほとんどを占める吸収合併の流れ

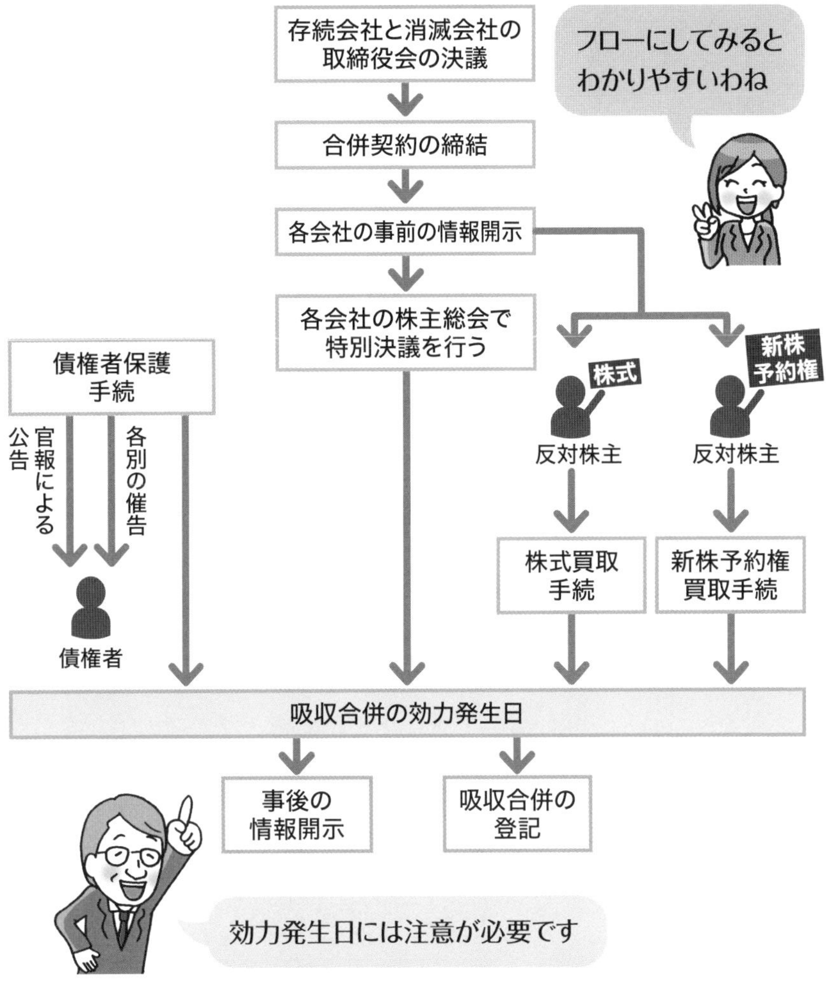

Memo

合併の差し止め

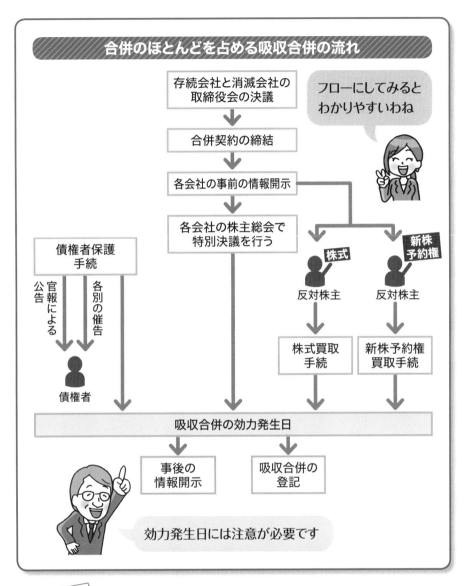

平成26年会社法改正で、法令または定款に違反する場合、株主に差し止め請求権を認めた。吸収合併では、消滅会社の株主が不利益を受けるおそれがある場合、会社に対して請求できる

株主総会決議不要の簡易手続

吸収合併の存続会社では、合併対価が存続会社の純資産額の5分の1以下の場合、存続会社にとってインパクトが小さいため株主総会の決議が不要となる（法796条2項）

07 「会社分割」ってなに？

会社分割とは、事業の権利と義務を全部を他社に引き継いでもらうこと

事業の権利と義務を一括して譲渡

「会社分割」とは、会社の全事業、または一部の事業を他社に譲渡することです。事業を他社に譲渡するという意味では、事業譲渡と同じともいえます。

企業は会社分割で不採算事業を分社することで、経営効率を高めることができます。また、ある事業を切り離して他社と合弁企業を作る場合にも利用します。これはすでに解説したＭ＆Ａ（➡Ｐ156）の手法の１つです。

しかし、事業譲渡では買う側の企業が譲り受ける事業を選択できるのに対し、会社分割は事業に関する権利と義務を一括して他社に引き継がなければいけません。譲渡される事業の従業員も、原則として、譲渡を受ける企業に引き継がれます。

また、事業譲渡では事業の対価は、金銭とすることも可能ですが、会社分割では事業の対価は原則として株式、という違いもあります。

吸収分割と新設分割の2パターン

会社分割には、すでに存在している会社に事業を引き継いでもらう**「吸収分割」**と、新会社を設立して事業を引き継がせる**「新設分割」**の２種類があります。

吸収分割でも新設分割でも、事業を分割する会社には、原則としてその対価を事業が譲渡される企業の株式で渡されます。

その場合、株式が事業を分割する会社自体に与えられる場合と、その会社の株主に与えられる場合があります。前者は会社に株式が与えられるので**「物的分割」**、後者は株主に株式が与えられるので**「人的分割」**といいます。

ただし、会社法では、人的分割は物的分割と剰余金の配当を合わせたものと規定しているだけで、直接人的分割には触れていません。

ポイント

全事業か一部事業を他社に一括して譲渡

会社分割は、会社の全事業、あるいは一部の事業を他社に一括して譲渡すること。事業の対価は原則として、株式になります

いくつかある会社分割のパターンを覚えよう

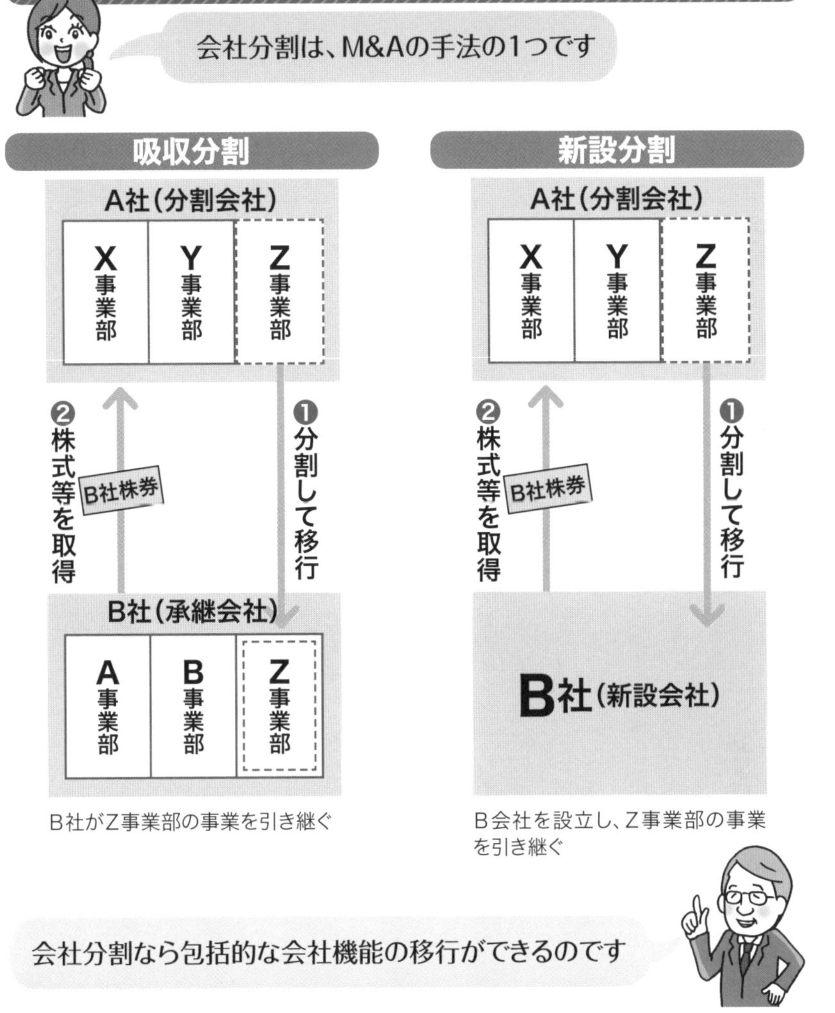

Memo

会社法以前の会社分割

会社法成立前は、会社分割をしようとすると、事業を現物出資して新会社を設立する、または、新会社を設立したあとに現物出資などをして事業を譲り渡す方法しかなかった

独占禁止法上の規制

一定の取引分野での競争の制限があり、または不公正な取引方法による場合は、公正取引委員会は分割を禁止できる。また、公正取引委員会は、競争促進のため強制的に分割も可能

08 会社分割の手続き

吸収分割も新設分割も、手続きの方法は、ほぼ同様。ただし、吸収分割では金銭等を対価にできる

吸収分割の対価は金銭等でもよい

A社がB社にC事業を分割する吸収分割をする場合は、A社とB社のあいだで**「分割契約書」**が作成されます。

分割契約書には、C事業が承継する権利義務内容（債権債務や雇用契約ほか）などを記載。その内容を記載した書面を各当事会社の本店に置きます。その後、A社とB社双方で、株主総会の特別決議で分割の承認を受けなければなりません。

吸収分割の効力は、分割契約で定められた日に発生します。なお、吸収分割では事業の対価は株式だけでなく、金銭等でも代替できます。

一方、D社がE事業を行うためにE社を設立する新設分割の場合は、分割する相手の会社が存在しないので、D社が分割計画書を作成します。

分割計画書には、新設会社の権利義務内容（目的や商号、承継する債権債務や雇用契約ほか）などが記載されます。やはり、その内容を記載した書面を本店に置き、その後、D社の株主総会の特別決議で承認される必要があります。

新設分割の効力は、E社が設立登記されることで発生し、E社はD社の権利義務を承継します。

反対の株主には株式買取請求権を付与

会社分割でも株主保護の原則が適用され、吸収分割でも新設分割でも、分割に反対する株主には株式買取請求権が与えられます。分割される会社の新株予約権を持っている人には、新株予約権買取請求権が認められています。

また、債権者にも会社分割に異議を述べる権利が付与されます。

当事会社が債権者を害することを知りながら分割を行った場合は、債権者は承継会社に対して、承継した財産の価額を限度として債務の履行を求めることができます。

株主総会による特別決議を経て承認

吸収分割では分割契約書が、新設分割では分割計画書が作成され、それぞれ株主総会による特別決議を経て分割が承認されます

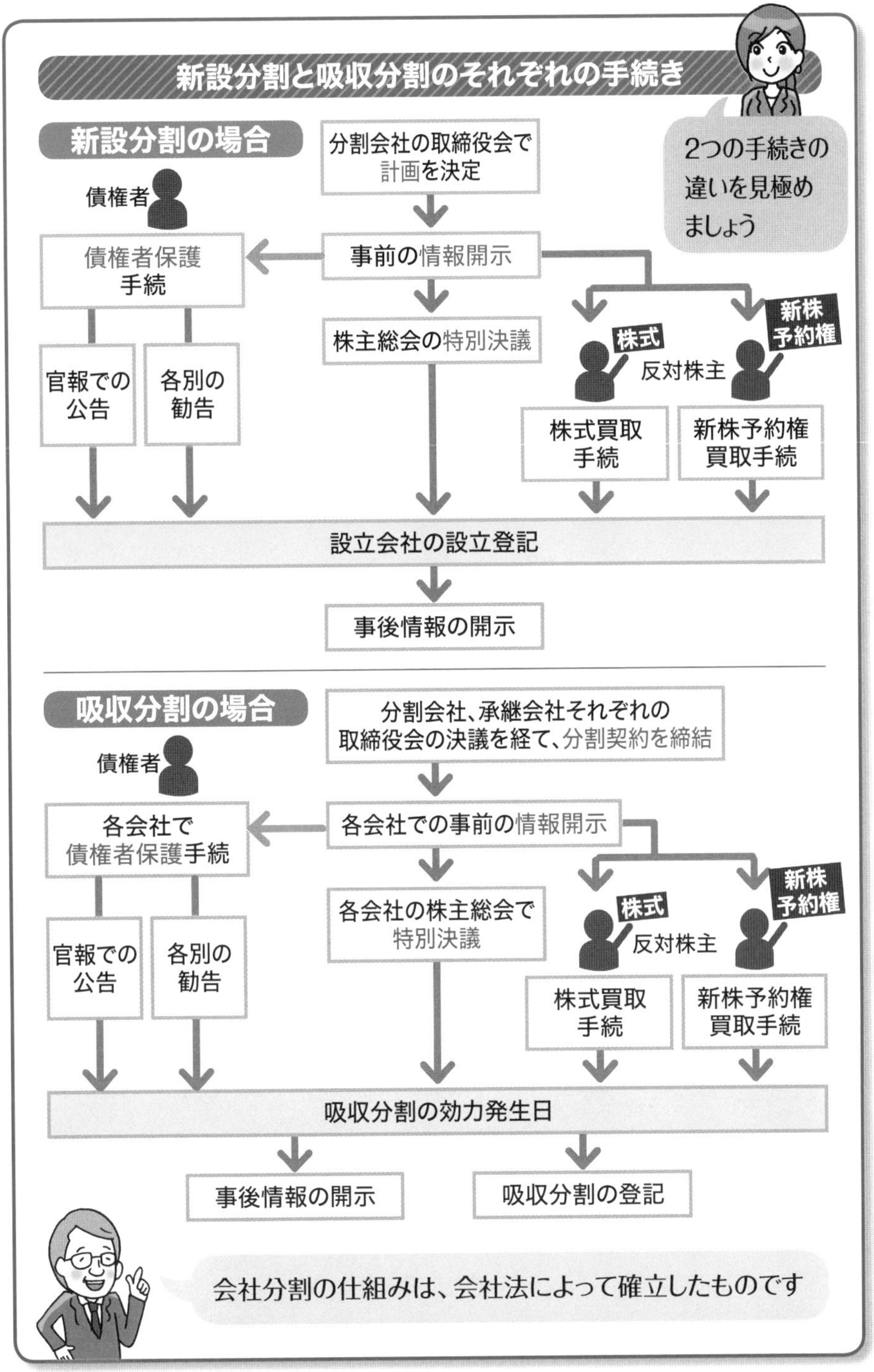
新設分割と吸収分割のそれぞれの手続き
2つの手続きの違いを見極めましょう
新設分割の場合
分割会社の取締役会で計画を決定
債権者
事前の情報開示
債権者保護手続
株主総会の特別決議
官報での公告
各別の勧告
株式
新株予約権
反対株主
株式買取手続
新株予約権買取手続
設立会社の設立登記
事後情報の開示
吸収分割の場合
分割会社、承継会社それぞれの取締役会の決議を経て、分割契約を締結
債権者
各会社での事前の情報開示
各会社で債権者保護手続
各会社の株主総会で特別決議
官報での公告
各別の勧告
株式
新株予約権
反対株主
株式買取手続
新株予約権買取手続
吸収分割の効力発生日
事後情報の開示
吸収分割の登記
会社分割の仕組みは、会社法によって確立したものです

09 特別決議なしでも組織再編できる？

会社法では、現代のビジネスに対応した機動性のある組織再編を一定の条件のもと認めている

組織再編をスムーズに

これまでみてきたとおり、会社が組織再編をする場合には原則として、株主総会の特別決議（3分の2以上の賛成）が必要です。しかし、現代のビジネスはスピードが求められているため、迅速な再編をしないとチャンスを逃してしまう場合もあるでしょう。

そこで用意されているのが、「**簡易組織再編**」と「**略式組織再編**」です。

簡易組織再編、略式組織再編とは？

簡易組織再編とは、例えば吸収合併（⬇P164）の場合、吸収される会社の株主に支払う対価が吸収する会社の純資産の20％以下なら、株主総会決議が不要となります。これは、合併だけでなく、会社分割（⬇P168）や株式交換（⬇P176）でも同様です。

特別決議が不要なのは、支払いが存続会社の株主に大きな影響を与えないと考えるから。会社法では機動性を優先した処理を認めているのです。

一方、**略式組織再編**は、吸収合併や吸収分割、株式交換のとき、一方の会社が他方の会社の株式の90％以上を保有しているときに、株主総会決議が不要となります。90％以上の議決権を持つ会社は、持たれている会社の「**特別支配会社**」と呼びます。

これは、支配されている会社のほぼすべての議決権を、支配している会社が持っているので、わざわざ株主の意向を確認する必要がないからです。

株式譲渡制限会社の場合

どちらの手続きも、株式を自由に売却できない「株式譲渡制限会社」では認められていません。このような会社の場合、経営と出資があまり分離されておらず、株主が会社支配に関心が高いと考えるからです。

組織再編手続の例外を覚えておこう

原則として株主総会の特別決議が必要な合併や会社分割、株式交換・移転ですが、一定の条件を満たすことで、特別決議を省略できます

ポイント

簡易組織再編と略式組織再編を図解化してみよう!

以下のような場合は、特別決議が不要なんですね

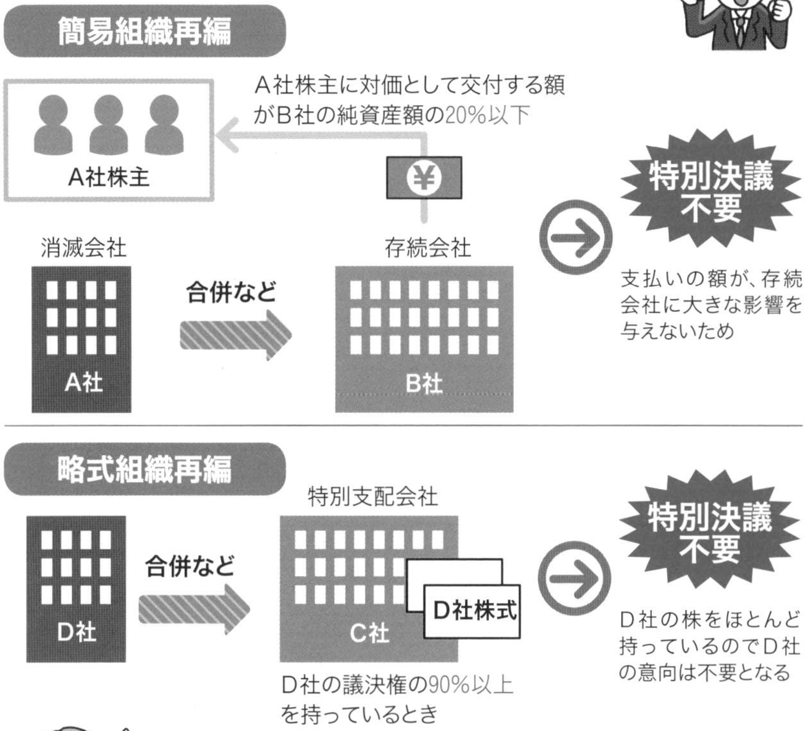
簡易組織再編
A社株主に対価として交付する額
がB社の純資産額の20%以下
A社株主
¥
消滅会社
A社
合併など
存続会社
B社
特別決議
不要
支払いの額が、存続
会社に大きな影響を
与えないため
略式組織再編
D社
合併など
特別支配会社
C社
D社株式
D社の議決権の90%以上
を持っているとき
特別決議
不要
D社の株をほとんど
持っているのでD社
の意向は不要となる

会社法下では機動的な
組織再編ができるようになったのです

Memo

特別支配会社

ある株式会社の総株主の議決権の10分の9以上を他の会社が持っている場合の当該会社をいう。この場合の他の会社とは、単独または完全親子関係にある会社グループのこと

One Point

差損を生じる組織再編

会社法では、一定の情報開示をすることで合併したことで差損が生じる場合でも、合併を認めている。ただし、この場合には株主総会の特別決議が必要

10 「純粋持株会社」ってなに？

▼グループ企業の株式を5割以上保有し、自らは事業を行わず、経営戦略の立案に集中する

株式を保有するだけで事業を行わない

総資産中に占める子会社の株式の比率が5割を超える親会社のことを「**持株会社**」といいます。そして、株式を保有するだけで事業を行わない持株会社を「**純粋持株会社**」といいます。

以前は、純粋持株会社の設立は独占禁止法によって禁じられていました。しかし、経営戦略における持株会社の有用性は認められており、海外では多くの持株会社が設立されていました。

経済のグローバル化の進展もあり、日本でも法律の改正が議論されました。そして、平成9（1997）年に独占禁止法9条が改正され、事業支配が過度に集中しない限り、持株会社の設立ができるようになりました。

これによって、日本でも、複数の会社が純粋持株会社のもとに集まるグループ企業が多く設立されるようになりました。商号が「○×ホールディングス」という会社は、純粋持株会社です。

主な収入源は子会社からの配当

純粋持株会社は、事業会社グループ全体の頂点または中間に存在し、グループ全体か特定の事業部門を管理統括します。そのおもな収入源は、子会社からの配当です。

純粋持株会社を設立するメリットには、以下のようなものがあります。

❶グループ企業の戦略の立案に集中できる
❷子会社といえども別会社なので、経営責任が問える
❸大きな投資をグループで共有できる
❹社風の違う会社同士が無理に合併しなくても統一のブランドでビジネスが展開できる

一方で、「持株会社の権限の限界が明確でない」「子会社の利益を搾取する可能性がある」などのデメリットも指摘されています。

ポイント

経営戦略上有用な純粋持株会社の設立

子会社の株式を保有するだけで事業を行わないのが純粋持株会社。グループ企業の戦略の立案に集中できるなどのメリットがあります

持株会社の構造を知っておこう！

持株会社には、メリットがありそうですね

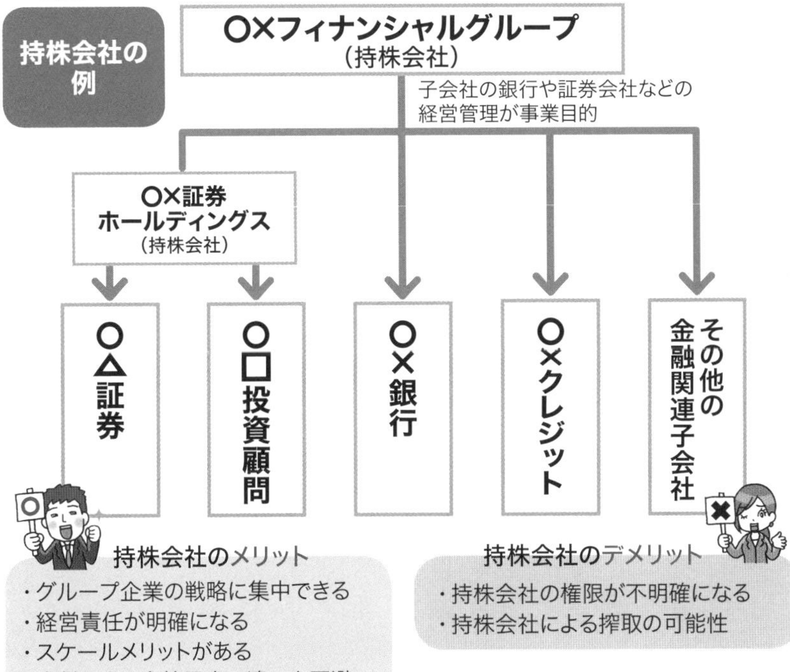

持株会社のメリット

- グループ企業の戦略に集中できる
- 経営責任が明確になる
- スケールメリットがある
- 合併による会社風土の違いを回避

持株会社のデメリット

- 持株会社の権限が不明確になる
- 持株会社による搾取の可能性

経営の合理化などに役立っています

One Point

純粋持株会社と事業持株会社

自ら事業をしない持株会社を純粋持株会社というのに対し、事業行うとともに他社の株式を所有し支配するものを事業持株会社と呼ぶことがある

Memo

持株会社

独占禁止法では、総資産に占める子会社株式の比重が50%を超える会社のことをいう。また、独占禁止法上の持株会社は傘下の子会社の株式を100%持つ必要はない

11 「株式交換」「株式移転」「株式交付」とは

完全親子会社を作るための制度として、株式交換と株式移転の制度が認められている

株式を別の会社の株式と交換する

「株式交換」とは、例えばA社が発行しているすべての株式をB社が取得することです。

株式交換を行うときは、まず当事会社の取締役会で**「株式交換契約」**を作成し、両方の株主総会の特別決議を経て承認されることが必要です。

株式交換に反対する株主には、株式買取請求権が与えられます。交換される会社の新株予約権を持っている人には、新株予約権買取請求権が認められています。一方、原則として、会社の債権者を保護する手続きはありません。

株式交換は、株式交換契約が所定した効力の発生日に実行され、株式交換に関する書面は6か月間、本店に置く必要があります。

親会社を設立してその子会社になる

「株式移転」とは、いまある会社が新しく会社を作り、その新会社の100%子会社（**「完全子会社」**）になることです。

株式移転を行う場合は、既存の会社が取締役会で株式移転計画を作成し、現在の会社の株主総会特別決議で、株式移転計画を承認します。

完全子会社化される会社の株主には新会社の株式が割り当てられます。一方で、反対する株主には、株式交換と同様の権利が与えられます。

株式移転の効果は、新会社設立の登記時に発生します。本店に書面を6か月間置くのも株式交換と同様です。

完全子会社化しない場合の手法

令和元年の会社法改正で、完全子会社を予定していない場合でも、株主に自社の株式等を交付し、子会社化できるようになりました。これを**「株式交付」**といい、株式等を対価として、親子会社関係を円滑に作り出すことが可能になりました。

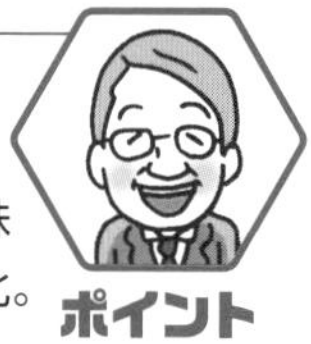

株主総会の特別決議で親子会社を作る

株式交換は全株式を他の株式会社の株式と交換。株式移転は、新会社を設立し、全株式を移して子会社化。株式交付は株式を対価に子会社化することです。

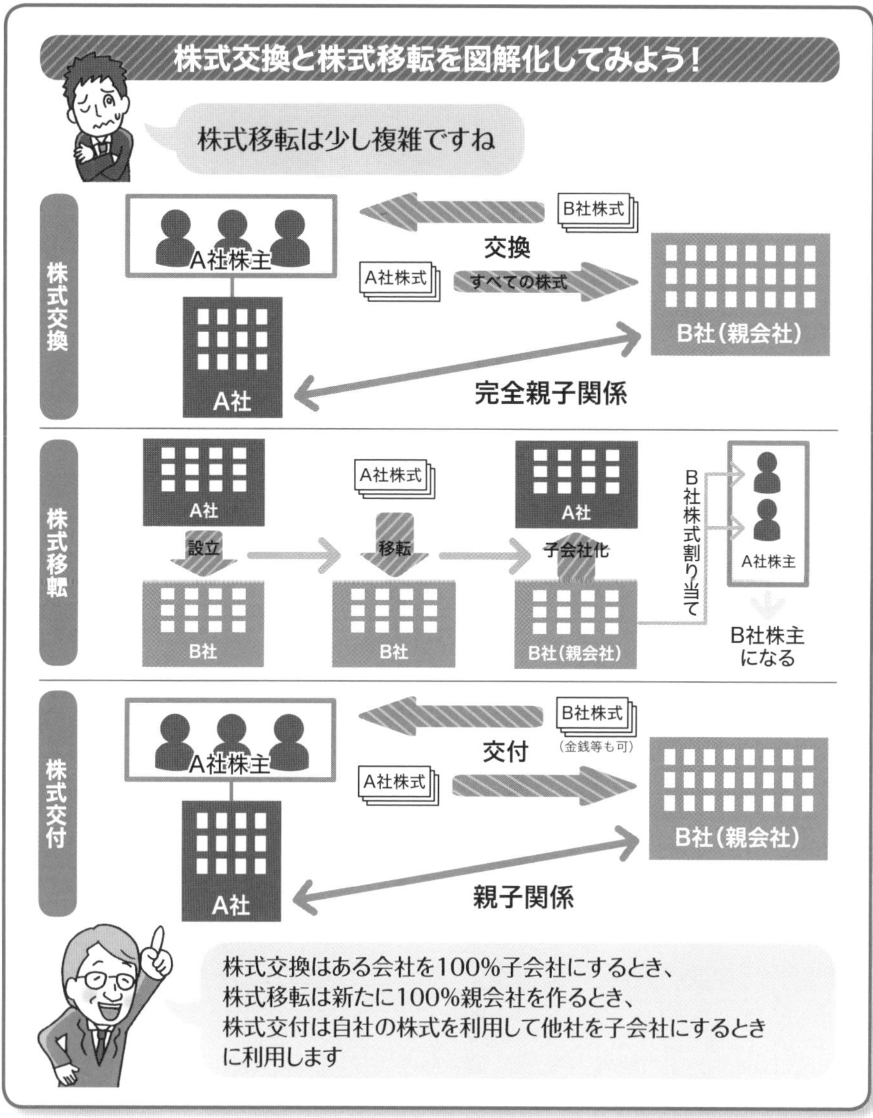

One Point

財産の変動が伴わない

株式交換・株式移転・株式交付では、原則として会社法上では、会社債権者異議手続は要求されない。株式が移動する当事者間の財産に変動がないことがその理由とされる

定めるべき事項と承認

株式交換・株式移転・株式交付にはそれぞれ、「株式交換契約」(法768条)、「株式移転計画」(法773条)、「株式交付計画」(法774条の2)を締結・作成し、株主総会の承認が必要

12 「TOB」ってなんのこと?

▼上場企業の買収に使われる手法の1つ

企業の経営権を取るとの宣言

「TOB」（Take - over Bid）とは**「株式公開買付」**のことで、買付けの期間、株数、価格を新聞などで一般に告知して、不特定多数の株主から株式を買い集めることです。上場企業の株式を取引所以外で購入する場合には、この方法をとる必要があります。

上場企業の経営権を獲得しようとした場合、株式市場で短い期間で大量の株式を購入すると、株価が高騰してしまうことが考えられます。そのため、買収をしようとしている人や企業は、株式市場外での株式の購入を考えることになります。

しかし、市場外で非公開に株式を買い付けると、他の株主が知らないまま、経営権がいまの状態から変わってしまうことも考えられます。これでは一部の株主の権利を損なってしまうことにもなりかねません。それを防ぐのもTOB制度の役割です。

金融商品取引法のもと公平に

証券取引所などの公開市場以外での大量の株取引は、金融商品取引法で規制されています。一定以上の株の売買は、「株を買いますよ」と世間に公表するTOBの手法をとらなければならないのです。

TOBでは一般に告知したのち、20日以上60日以内に、すべての株主に対して同じ条件で買取要請を行うことになります。もちろん、TOBに反対する株主は、売却を拒否することもできます。

近年、**「敵対的買収」**（⬇P182）を目的とするTOBが増加傾向にあります。市場での地位を確立・独占するためにライバル企業の経営権を握ろうとするのです。しかし、その敵対的TOBに対して助け船を出す、つまり対抗するかたちで新たなTOBを行う企業が現れてTOB合戦になる場合があります。このとき、助け船を出した投資家や企業を**「ホワイトナイト」**と呼びます。

ポイント

上場会社の株式を市場以外で集める手法

上場企業を買収しようとする場合、株式市場での買付が手っ取り早いのですが、それでは株価高騰を招きます。それを避けて買収をする手法です

TOBのメリットとデメリット

TOBは、企業買収の手法の1つですね

TOB ＝ Take-over Bid ＝ 株式公開買付

❶買付条件を提示する

- 買付条件を日刊紙2紙以上に掲載
- 財務大臣に届出書を提出

❷株主から買い付け（20日以上60日以内）

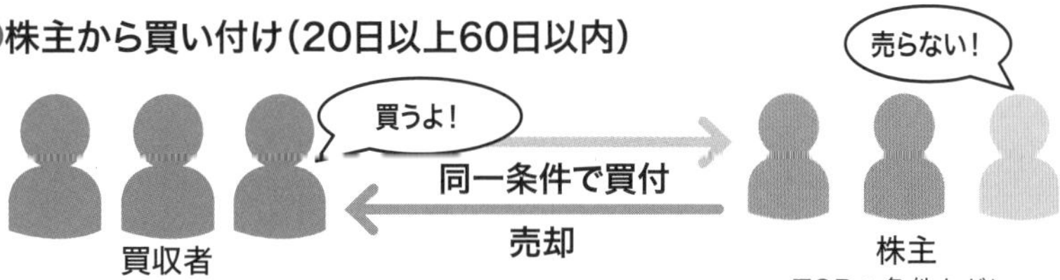

TOBの条件などに
同意できなければ拒否も可能

メリット

- 市場での株価の影響を受けずに、一定の価格で購入できる
- 市場外での取引が透明化され、不公平感を防ぐことができる

デメリット

- 買収を仕掛けられた会社が防衛策をとる場合もある
- 成功した場合、株式の流通性が損なわれる場合もある

TOBのルールは
金融商品取引法で定められています

Memo

ホワイトナイト

敵対的買収を仕掛けられた会社を買収から救うために、新たにTOBを行う投資家や企業のこと。はじめの買収者に対抗し、友好的な買収や合併を提案することもある

One Point

市場での株式大量購入の場合

企業買収で容易なのは、株式市場での株の買い占めだが、価格・数量の点でデメリットが大きい。また、株式を大量に保有した場合、報告が必要なので、極秘裏での買収はむずかしい

13 「MBO」ってなんのこと？

いまの経営者が事業を継続していくため、従業員や取引先も安心

経営者が経営している企業を買収？

ＴＯＢをもくろむのが外部の投資家や企業であるのに対し、**「ＭＢＯ」**（Management Buyout）は**「経営陣買収」**とも呼ばれ、いま経営している企業を経営陣自らが買収することです。

自ら経営している企業を買収するというと奇異な感じがしますが、株主の支配によらず、事業のノウハウを熟知した経営陣が経営することで効率化を図るのです。また、ＭＢＯを行うことで上場を廃止することもできます。その結果、大勢の株主の監視のもとではできなかった大胆な経営改革をすることも可能になります。

そのほか、ＭＢＯは一部の事業を切り離して別会社にするときや中小企業の事業承継、事業がうまくいかず倒産してしまった企業の事業再生（➡Ｐ１９４）などに使われることがあります。

経営陣が株式の多くを所有することで議決権が増え、経営者の意思決定がしやすくなります。また、敵対的買収からの回避策ともなります。

ＭＢＯ資金の調達方法

ＭＢＯをしたくても、経営陣が潤沢な資金を保有しているとは限りません。買収資金には、限りがあることが多いものです。

そのようなときに利用されるのが、銀行などの金融機関による融資や**「投資ファンド」**などからの出資です。ただし、投資ファンドや他の事業会社からの出資を受けた場合、事業への干渉や制約などの制限を受ける場合があり、事業の自由度が低くなる可能性があります。

資金調達を優先しすぎると、会社の支配権の構成が変わるだけに終わってしまいがちです。それだと、なんのためのＭＢＯなのかあいまいになります。ＭＢＯを行うのには経営と資金の両面から、戦略を練る必要があるのです。

事業承継や事業再生にも使われる

MBOは、会社の経営陣がその会社の株式や事業を買い取ること。雇われ社長がオーナー経営者になるためやのれん分けなどにも使用されます

様々な利用法があるMBO

MBOは経営者が経営の自由度を高めるのね

MBO ＝ Management Buyout ＝ 経営陣による買収

MBOの手法の例

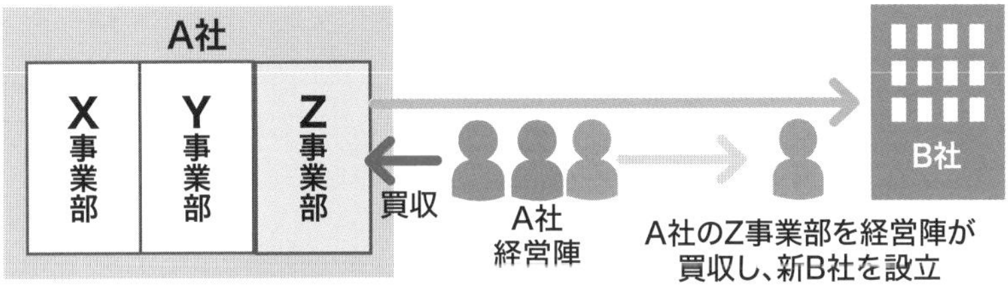

買収し新会社を設立することにより、B社はA社のノウハウを持ったまま、新経営陣のもと出発することができる

MBOの利用例

- 企業グループ内の会社を買収し、企業グループから離脱する
- 事業部門を切り離して、他の会社に事業承継する
- 上場企業の経営陣が株を買い取り、非公開化する

MBOをするのには資金が必要になります。
多くの場合、買収した企業を担保に資金を調達します

Memo

事業承継

会社や事業の所有・経営を後継者に引き継ぐことをいう。中小企業の経営者で、親族に後継者がいない場合などに、事業承継のためにMBOが用いられることがある

投資ファンド

多数の投資家等から集めた資金を使って株式などの投資を行い、その収益を分配する仕組み。MBOでは、資金を提供して、企業の価値を高める(＝株価を上げる)ことで利益を目指す

14 敵対的買収とその防衛策①

▼TOBなど敵対的な買収が起こったときの手法の数々

敵対的買収から会社を守る

「敵対的買収」とは、買収しようとする会社の同意（取締役会での承認）を得ないで、前述のTOBなどの手法を使ってその会社を乗っ取ろうとすることをいいます。

買収者は、対象企業の経営を支配するために、議決権の2分の1以上の株式の取得を目指します。

さて、敵対的買収から会社を守るためのいちばんの方法は、長期的に株式を持ち続けてくれる友好的な「安定株主」を多く作ることでしょう。安定株主が多ければ、株主総会での議決もスムーズに進み、簡単には買収されないでしょう。取引先や従業員、金融機関などに株式を所有してもらうのが主流（相互に持ち合うこともある）ですが、買収者から高値で買い取ると提案されれば、妨害することはできません。

なお、経営者の保身のために買収防衛策を講じることは、経済産業省や法務省の指針により、規制がかけられています。

代表的な防衛方法が株式発行

発行株式数を増やして、買収者の株式の比率を下げる方法もあります。友好関係にある投資家や企業に、大量の新株や新株予約権を発行するのです。これらの発行は、株主の同意は必要なく、取締役会で決議できます。

会社法では、新株予約権を持っている人に強制的にその権利を行使させる「取得条項付新株予約権」の発行も認められています。

しかし、これらの方法は会社の経営陣の支配を維持するためといっても過言ではありません。新しい株式を大量に流通させるのは、既存の株主の権利も少なくしてしまいます。

会社法では、こういった新株や新株予約権の差止めも規定しています。

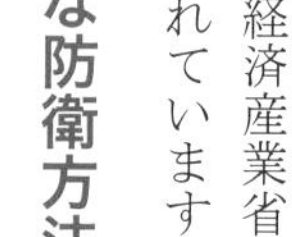

敵対的買収への準備が迫られる今日の企業

上場している会社ならいつでも敵対的買収の標的になるといっても過言ではありません。そのため、それに対処する方策を事前に練っておく必要があります

敵対的買収に対抗する防衛策をみてみよう

企業はいつでも買収される危険があるってことね

防衛策の例

安定株主

長期間、株を保有し続けてくれる株主。株式を持ち合うことなども行う。ただし、TOBなどが発生したときに、経営陣の要請に従って拒否することは、合理性を欠く場合がある

新株や新株予約権

新株や新株予約権を好意的な第三者に発行することで、買収者が得た株式の割合を低くするというもの。ただし、「現経営陣の支配権維持のためで不公正」と見なされる

新株や新株予約権で、防衛できる理由

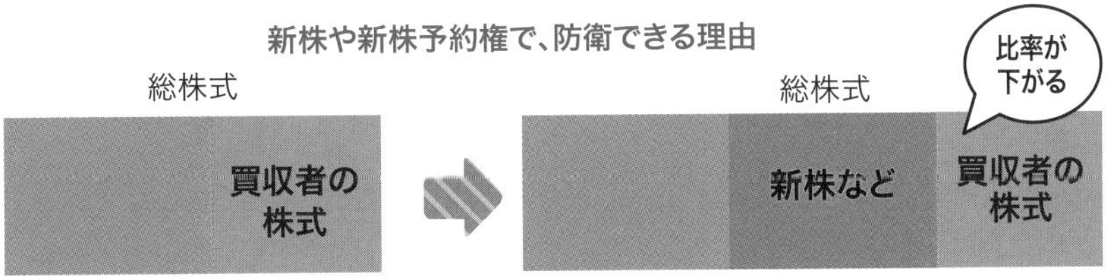

買収者により株の買い占めが進んだとしても

新株や新株予約権によって、買収者の持株比率が下がる

ポイズンピル

あらかじめ新株予約権を発行し、買収者が買い占めを進めた場合に新株を発行する

➡P184

黄金株

拒否権付き株式のことで、防衛効果が非常に高いため「黄金」の名が付けられている

➡P184

株式の過半数を押さえられると
取締役などの選任・解任の主導権を握られます

One Point

支配株主の異動をもたらす場合

平成26年法改正で、公開会社では支配株主の異動を生じるような募集株式の発行などは、一定の場合に一定の条件のもと、株主総会決議を要すると規定された（法206条の2）

新株・新株予約権の発行

買収者の支配権を薄めるために新株や新株予約権を発行するかどうかは、取締役会決議で決定できる（法201条、240条）。ただし、著しく不正と判断されれば、差し止めも可能

15 敵対的買収とその防衛策②

予防策としてのポイズンピルと黄金株

敵対的買収に備える「毒薬」

敵対的買収への対策の1つに**「ポイズンピル」**（毒薬）があります。これは敵対的買収にあらかじめ備えておくための手法で、アメリカなどでよく使われています。

ポイズンピルは、株主にあらかじめ時価よりも安い価格で株式を購入できる権利（オプション）を与えておきます。そして、敵対的買収が発生したときにこのオプションが使えるようにして、新たな株を発行。既存の株主が一気に株を買い求めるので、買収者の持株比率を少なくできるのです。もちろん、この権利を買収者は行使できないようにしておくことも大切です。

日本では会社法の規定により、アメリカとまったく同じ手法はとれないものの、「取得条項付新株予約権」を活用した手法は一定の効果を得られるといわれます。

このポイズンピルは、株主に権利を与えることから**「ライツプラン」**とも呼ばれています。

防衛効果の大きい「黄金株」

ポイズンピル以上に効果があるといわれるのが**「黄金株」**です。これは種類株式の一種で、**「拒否権付株式」**のことです。取締役の選任や解任、事業譲渡など、敵対的買収者が出した提案を株主総会で否決する権利があります。これは全株式のうち、1株にのみ設定できるものです。

黄金株を発行しておけば、敵対的買収者による提案を拒否することができます。また、黄金株には譲渡制限をかけることもできるので、黄金株式自体の買収も不可能にできます。

しかし、黄金株は経営陣の保身にもなりかねません。そこで、東京証券取引所は、黄金株を導入した企業は株主総会決議で無効にできるなどの条件を付けない限り、上場できないとしています。

防衛効果の高いポイズンピルと黄金株

2つの防衛策は防衛効果が高いだけに、経営陣の保身に使われないよう、株主はチェックする必要があります

ポイズンピルと黄金株の仕組みを理解しよう

会社を買収から守るのもたいへんですね!

ポイズンピル

A社

黄金株

❶取締役会・株主総会で
議決成立
決議
成立
❷拒否権を行使

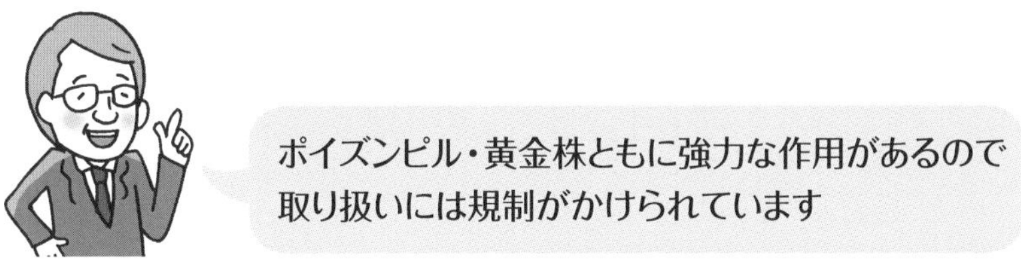

全株式中1株のみ
❸議決を否決
否決
黄金株の所有者は決議
を無効にできる

ポイズンピル・黄金株ともに強力な作用があるので
取り扱いには規制がかけられています

One Point

ライツプランの制限

敵対的買収者に対して大きな不利益を与えることになるので、買収がはじまったあとに設定することはできない。また、事前にルールを決め、それに合致しなければ発動ができない

東京証券取引所の黄金株の扱い

新株予約権発行
株数が多くなることで、
買収者の全体の株式に
占める割合が少なくなる
買収失敗

会社法の施行により譲渡制限付きの黄金株の導入が可能になったが、東証は一定の条件下でしか認めていない。令和2 (2020) 年10月現在、上場企業で黄金株を発行するのは1社のみ

16 会社分割や事業譲渡の規制とは

乱用によって株主や債権者の権利が害されるのを防ぐ

債権者の保護のために必要

さて、ここまで会社の形態を変えたり、株式を発行するなどで会社の経営を守る手法を見てきました。一方で、株主や債権者の立場から見れば、経営陣が保身ばかりに走らないよう、規制の必要もあるといえます。

例えば、会社分割の手法を使い、不採算部門を切り離して別の会社にし、その会社をすぐに倒産させられては債権者の権利を大きく損ないます。このようなケースを**「濫用的会社分割」**といいます。

平成26年会社法改正では、債権者が不利益を被るような会社分割や事業譲渡に対して、規制を新設しています。ただし、この改正は会社分割や事業譲渡そのものを取り消すのではなく、事業を承継した会社に対し、損失を被った分の債権を請求できるというものです。

会社法により会社分割の手法が使えるようになったのですが、濫用が目立つようになり、平成26年に改正されたのです。

第二会社方式による事業再生

しかし、過剰債務によって財務状況が悪化している場合、収益性のある事業を切り離して、不採算部門をあとで**「特別清算」**（➡P192）する方法があります。この事業を再建する会社を**「第二会社」**といいます。

この方法は中小企業などの事業再生として中小企業庁も推し進めているものです。**「中小企業事業承継再生計画」**の認定を受けることで、営業上必要な許認可等を承継できたり、税負担の軽減、金融支援を活用することができます。

倒産して債権者に迷惑をかけるのではなく、一部の事業を継続することで、債権者に返すことのできる金品を多くするのです。この方法は、債権者保護にもつながるため、注目されています。

債権者の利益を害する行為は規制されている

昨今、会社分割や事業譲渡の手法を乱用して、債権者の利益を害するケースが多発しました。そのため、平成26年法改正で様々な規制がかけられたのです

ポイント

会社分割や事業譲渡には制限がある！

制限がないと、こんなふうに
悪意のある会社分割ができてしまうのね…

●濫用的会社分割の例

- 債務1、債務2、債務3を持つA社を新A社と新B社に分割。
- 債権1を新A社へ移転
- 債務2と債務3は、B会社へ移転

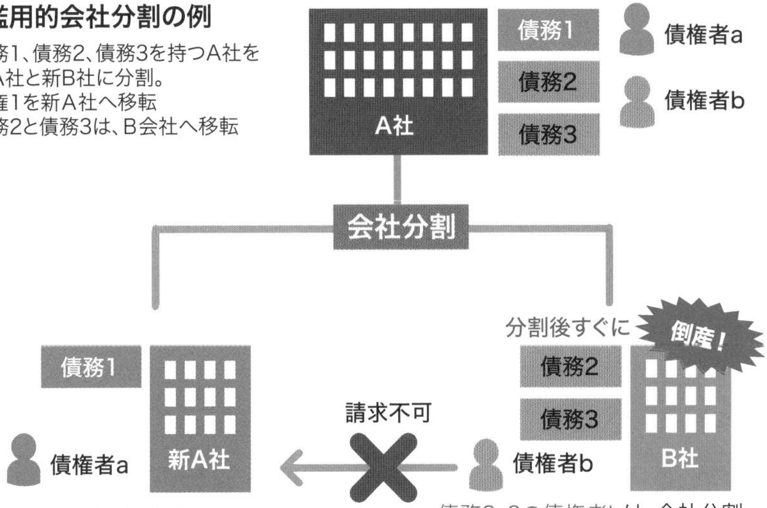

債務1の債権者aは、会社分割後も新A会社に請求が可能

債務2、3の債権者bは、会社分割後は新A会社に対して、債務の返済を要求できない

濫用的会社分割

このとき債務のほとんどをB社に移転すれば、旧A社の債権者bは大きな損害を被る可能性がある → これは債務2、3の損害を債権者bにかぶせるようなもの！

一部の債権者に損害を負わせる…
悪質な「計画倒産」のケースですね

会社分割や事業譲渡を濫用するケースが増え
会社法が改正にいたったのです

17 会社の終わりとは…

経営危機や「事業継続が困難」などの理由で会社が終わりを迎えるとき

会社の終わり方のいろいろ

ここまで会社の設立や、かたちの変え方を見てきましたが、会社にも終わりがあります。会社の終わりというと一般的に**「倒産」**を思い浮かべますが、倒産には定まった定義があるわけではなく、法律の言葉でもありません。

会社法での会社の終わりとは、**「解散」**を経て、会社を**「清算」**することです。この場合、いわゆる倒産ではない場合もあります。

会社法では解散の理由として

①定款で定めた存続期間の満了
②定款で定めた解散事由の発生
③株主総会の決議
④合併などにより、会社が消滅する場合
⑤破産手続開始の決定
⑥解散を命じる裁判

の6つを定めています。

また、株式会社のうち登記の最後の日から12年を経過した**「休眠会社」**は、一定の要件で解散したものと見なされます。

株式会社は解散したのち、合併の場合や破産手続開始の決定があった場合をのぞき、**「清算手続」**（➡P192）に移行します。なお、清算手続が完了するまで、清算の目的の範囲内で会社は存続しています。

健全な状態で会社を終わらせる

会社が債務超過に陥っていない**「健全な状態」**で清算する場合、裁判所をとおさずに行うことができます。株式会社は、株主総会の特別決議で**「解散決議」**などを行い、清算手続で債務を完済し、株主に残余財産を分配したのち、法人格が消滅します。

なお、健全な状態で会社をたたむ場合でも、会社を清算した事実についての登記が必要で、清算完了時にも登記をしなくてはいけません。

ポイント

会社には終わり方がある

会社は、設立ではじまって、解散で終わります。解散の理由はいくつかありますが、倒産でない場合、清算の完了の登記で消滅が決まります

会社の終焉とは

会社は解散のうえ、清算するのですね

株式会社の解散の手順

解散の理由

①期間の満了
②解散事由の発生
③株主総会の決議
⑥解散を命じる裁判

⑤破産手続開始の決定

④合併などによって消滅

↓

解散
解散の理由により、清算手続の開始することをいう

↓

清算手続(➡P192)
通常清算と
特別清算がある

破産手続(➡P190)
裁判所へ
申し立てる

↓

法人格が消滅
清算手続の完了(結了)

株式会社は解散の理由によって
法人格が消滅するまでの流れが変わってきます

Memo

会社の解散と清算

株式会社の法人格が消滅することを「解散」という。解散に伴う法律関係の後始末の手続が「清算」。なお、会社法では清算手続の完了を「結了」といい、これをもって会社は消滅する

One Point

解散決議と解散命令

解散決議は、株主総会の特別決議で決定する(法471条3号、法309条2項11号)。また、会社の存在が公益上許されない場合には、裁判所が解散を命じる(法824条1項)

18 会社の「倒産」とは

倒産とは会社がこれ以上事業を継続できない状態のこと

会社の「倒産」とは

会社の**「倒産」**は債務超過などにより、業務を続けようとしてもそれができなくなる状態のことです。例えば「6か月以内に不渡手形を2度出し、銀行取引が停止した」「経営者が夜逃げしていなくなった」「裁判所が破産手続をはじめた」などが会社の倒産といわれますが、実際には明確な基準はありません。

会社が倒産状態に陥った場合、経営者は会社を再生させる手法をとるか、会社をたたむかの選択を迫られます。

会社を再生させるには、**「民事再生」**（➡P194）や**「会社更生」**（➡P196）、**「私的整理」**（➡P198）などの方法があります。

一方、会社を終わらせる方法は、前セクションで述べたような健全な状態で会社をたたむ場合と、倒産状態にある場合では異なっています。

一般的には破産手続をとる

「破産手続」は、倒産した会社自ら（またはその会社の債権者）が裁判所に申し立てることによってはじまります。破産手続がはじまると、その会社の事業は停止します。つまり、破産手続がとられると、会社は解散を選択したことになります。

裁判所から破産を宣告されたときは、債務超過は明らかです。そのため、債権者に平等に債務を返すため、裁判所から任命された**「破産管財人」**が**「破産法」**にのっとって手続を進めます。

破産宣告がされると事業の継続ができなくなると述べましたが、一部の事業で収益を上げている場合もあるでしょう。その場合は、裁判所の許可を得て、事業が継続できます。また、その部門を他の会社に譲渡することも可能です。その場合には、事業譲渡（➡P160）の手続きを取ることになります。

債務超過などで経営が成り立たないのが倒産

会社が倒産状態に陥ったら、経営者は会社の再生を目指すか、たたむかを選択します。しかし、破産の手続きが開始されると、解散しなければいけません

会社が倒産すると…?

できれば、再生して欲しいものですね

倒産にいたった場合の分岐

倒産後には、「清算」か「再生」を選択する

清算

- **破産** 裁判所によって破産宣告がされると事業の継続はできなくなる
- **特別清算** 清算人を選出し、事業を終了。債務を確定して、清算する ➡P192

再生

- **民事再生** 現経営陣のもと、再生計画を裁判所に提出 ➡P194
- **会社更生** 裁判所から任命される管財人が会社を再生する ➡P196
- **私的整理** 裁判所を通さずに個々の債権者と交渉する ➡P198

会社が倒産するという定義は明確ではありませんが、清算を選ぶか、再生を選ぶかの選択が必要です

Memo

倒産

経営が破綻した場合を「倒産」ということが多いが、定義はなく、会社法や他の法令でも規定されていない。企業の資金繰りが破綻した場合は、事実上の倒産、または経営破綻ともいわれる

破産

債務者がその債務を完済することができない状態にある場合に、債権者に残った財産を公平に配分するために行われる手続きをいう。裁判所が決定する

19 会社を「清算」する方法とは？

会社を解散したら、清算・破産手続をとる

通常清算と特別清算

清算には、「**通常清算**」と「**特別清算**」の2種類があります。

通常清算の場合、清算は「**清算人**」が行います。一般的に代表取締役が就任しますが、株主総会決議で選任された人でも可能です。

清算人は、現在の会社の業務を終了させ、清算事由発生時点での財産目録や貸借対照表を作成、清算できる財産を把握します。これを株主総会に提出して承認を得て、債権者に知らせる公告・勧告を行い、会社の債務を確定します。

すべての債務の弁済を行ったあとで、「**残余財産**」があったら、株主に分配します。最後に、決算報告を作成し、株主総会の承認を経て、清算終了の登記を行います。

清算を行うことに支障があったり、債務超過の疑いがある場合、特別清算になります。これは債権者や株主、清算人などが裁判所に申し立てることによってはじまります。

破産手続に移行せず清算する特別清算

特別清算になると、裁判所が「**清算手続**」を監督します。

清算手続は、通常清算と同様に清算人が行いますが、清算の状況の報告を求められたり、清算人の解任を裁判所が決定する場合もあります。

特別清算と前出の「破産」とは手続きが似ていますが、破産は特別清算に比べてさらに厳格な、破産法にある手続きで進めていきます。

破産は対外的なイメージが悪いため、避ける方法をとる傾向があります。その場合、債権者から破産を申し立てられる前に、特別清算をはじめてしまうのです。

破産宣告がされている場合は、破産手続が進行しているので、清算手続はありません。

会社の解散時に必要な清算手続

株式会社は、解散をしたあと、速やかに清算手続を開始します。ただし、破産の手続きがとられた場合は、清算手続はできません

ポイント

通常清算と特別清算の違いを把握しよう

倒産だと、特別清算かな…

特別清算の事由があるか

- 清算を行うために著しい支障がある場合
- 債務超過の疑いがある場合

ある → **特別清算**

- 裁判所が監督し、調査命令を出す
- 裁判所は清算人の解任や選任などができる

ない → **通常清算**

- 裁判所への届け出は不要
- 清算事務が終了したら、決算報告書の承認を受ける
- 清算完了（結了）の登記で、法人格が消滅

裁判所が関係するのが特別清算ね

債務超過の場合、破産宣告が開始されていなければ一般的に特別清算に移行します

Memo

清算株式会社

清算段階に入った株式会社をいう（法476条）。このとき、取締役はその地位を失い、清算人がこれに取って代わる。なお、株主総会や監査役は継続する

清算人

取締役は清算段階で地位を失っているが、解散時の取締役がそのまま清算人となるのが原則（法478条1項1号）。清算人の地位は取締役と同様だが、権限は清算事務に限られる

20 「民事再生」で会社を立て直す

会社を再建する手法の1つ、民事再生は経営陣が続投できる

一般的な会社の再生法

これまで、会社を解散させる方法を見てきましたが、ここからは、継続させていく方法を見てみましょう。

なお、会社法では会社の民事再生方法を記述していませんが、会社のかたちを変える1つの方法なので、ここで取り上げています。

倒産の処理のうち、会社を解散せずに立て直す再生型には**「民事再生手続」**と**「会社更生手続」**があります。

そのうちの民事再生手続は、破綻または破綻寸前の企業が自主的に事業を再建するための制度です（**「民事再生法に基づく倒産手続」**）。民事再生は株式会社以外でも使えることに加え、破綻する前にも手続きできることから、手遅れになる前に対処する最善の方法といえます。

この手続きでは、いままでの経営陣が引き続き事業をすることが可能です。次セクションで述べる会社更生手続は、裁判所が任命した管財人が経営にあたるため、その点で異なっています。

現経営陣が続投できる

民事再生手続では、会社を倒産に導いた張本人が、再び経営をすることになります。そのため、**「私的整理」**（⬇P198）に近い再建方法とも考えられています。

手続きがはじまったら、会社は債権者への返済計画をまとめた**「再生計画案」**を裁判所に提出します。これが債権者らの多数決で承認されてはじめて、再生手続が進められます。

ただし、計画がきちんと遂行されているかどうか監督するために、裁判所が**「監督委員」**を選任することがあります。重要事項の変更など、この監督の同意を得ずに行った場合、再生手続が打ち切られる場合もあります。

もう一度チャンスを与える民事再生

民事再生手続は、再生のチャンスを与えるための方法といえます。ただし、破綻時の経営陣がそのまま経営にあたるというデメリットもあります

会社再建の手段・民事再生とは

経営陣は残るのですね…

民事再生手続のながれ

民事再生の申し立て

↓ 本店の住所を所轄する地方裁判所に申し立てる

再生手続の決定

↓ 受付が却下されると破産手続になることもある

再生計画の提出

↓ 債権を調査して再建計画を立案・提出

債権者集会と再生計画の決議

↓ 債権者の過半数の承認で再生計画を進めることができる

裁判所の再生計画の認可決定

↓ 多くの場合、裁判所が監督官を選任する

再生計画の遂行

再生計画が裁判所によって認可されないと破産手続に移行する場合があります

Memo

民事再生法

日本の倒産法の1つとされ、債務者の事業または経済生活の再生を目的とする法律。主として中小企業の再生に用いられることを想定しているのが特徴。平成12年施行

再生債権

民事再生手続開始前に生じた債権。原則として、再生計画に定められなければ弁済を受けられない。再生計画は、債務者が作成し、債権者集会での決議と裁判所の認可で確定する

21
裁判所が仕切る「会社更生手続」

経営陣も株主も総入れ替え可能な最終的な再生方法

裁判所の監督下で行われる

「会社更生手続」は**「会社更生法」**に基づく倒産手続で、民事再生と同様に一定の財産の保有を認めながら、債務を圧縮して会社を蘇(よみがえ)らせようとするものです。民事再生と違い、株式会社のみを対象としています。また、どちらかといえば大企業を想定した手続きです。

会社更生は次の2点において、民事再生と異なります。

①全経営権が裁判所から任命される管財人に移る
②担保権の実行が禁止される

②は、担保が設定されているような債権も会社更生手続のもとに置かれるので、たとえ債権者でも債務を取り戻すことに制限がかかる、ということです。例えば、自社ビルの抵当権を設定していた場合、債権者は勝手にビルを競売にかけることはできないのです。

また、会社更生が許可されると、**「会社法の特則」**が適用されることになります。これにより、合併、増資、減資、定款変更、取締役変更等が簡単に行えるようになり、再建がしやすくなります。

裁判所が強力にバックアップ

裁判所が任命する**「管財人」**には強力な権限があり、対象企業を再建へと導きます。

しかし、民事再生に比べると多くの時間や費用がかかってしまうことが難点とされ、中小企業の利用があまりないのが現状です。

また、会社更生手続を成功させるには、再建に協力してくれるスポンサーを見付けるのも重要とされています。援助は必須ではありませんが、企業再建を果たした多くの企業が、スポンサーからの支援を受けています。

なお、破産や民事再生手続がうまくいかなかった場合に、会社更生手続に移行することも可能です。

強力な管財人のもと会社を生まれ変えらせる

会社更生手続では全経営権が原則として、管財人に移ります。この手続きでは債権者や株主に気兼ねなく会社を再建させることができます

強力なバックアップのある会社更生手続

裁判所の命令が増えていますね

会社更生手続のながれ

会社更生の申し立て

↓ 本店の住所を所轄する地方裁判所に申し立てる

保全管理命令・更生手続の決定

↓ 財産の保全命令がでるとともに保全管理人が選任される

更生債権の調査・確定

↓ 債権を調査して再建計画を立案・提出

更生計画書の提出

↓ 新しい経営計画や債務の返済方法などを定めた更生計画案を提出

裁判所の更生計画の認可決定

↓ 裁判所の認可までは約1年の時間がかかる

更生計画の遂行

債権者が会社に不信感を持っている場合は、会社更生手続の選択が賢明です

Memo

会社更生法

倒産法の1つで、経営困難になった株式会社を更生させる手続を制定している。昭和27年に制定されたが、平成15年に法律のすべてを改正する新会社更生法が施行された

管財人

会社更生法では、必ず裁判所が管財人を任命する。ただ、平成20（2008）年より一定の条件を満たした場合、更生手続開始申立時の取締役を管財人とすることも可能となった

22 法的手続によらない「私的整理」とは？

▼私的整理は裁判所が関与しないため、公にされることはない

裁判所をとおさない再生方法

裁判所をとおして法律上の手続きで倒産の処理を行うことを**「法的整理」**といいます。これに対し、裁判所をとおさないで行うことを**「私的整理」**といいます。

私的整理は「迅速な解決が期待できる」ことや「倒産が公にならない」などのメリットがある反面、不正が起こりやすく、債権者にとっては不平等になることがあります。

私的整理を行うのは破産宣告されたり、清算手続に移ったりする前、つまり完全に倒産する前です。経営者が経営破綻した(または破綻しそうな)場合に、債権者と負債の整理について協議をして、清算や再建に向けて進んでいきます。

私的整理には法的なルールはありませんが、一定のガイドラインが示されています。進め方はそれに沿うようにして、債権者らと信頼関係を保っていくことが必要とされます。

すべての債権者に一括して行うのではなく、債権者ごとに話し合っていくということが、私的整理の基本です。

大企業でも利用する私的整理

私的整理というと、少数の債権者と経営陣が話し合うというイメージから、小規模の企業が利用するものと考えがちです。しかし、大企業でも利用する例はたくさんあります。

とくに多くの仕入れ先がある企業の場合、倒産したことが公になると、信用不安を起こし、仕入がストップしてしまう可能性があります。それでは、事業の継続ができなくなってしまいます。

それに対し、私的整理なら個別に債権者と話し合うため、その他の債権者には会社の状況がわかりにくいというメリットがあります。そのため、大企業でも利用する例があるのです。

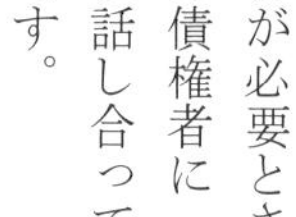

ポイント

迅速な解決ができるが、不公平も生じる

私的整理は裁判所をとおさない分、素早く解決ができます。しかし、一部の債権者だけに有利な返済が行われやすいなどの欠点もあります

会社整理のフローチャート

私的整理は、債権者の協力が大前提ですね

会社整理開始

- **私的整理**（債権者の同意あり）
  - **私的整理による再建**
    清算価値が資産価値を上回っていると判断された場合。債権者の同意のもと再建
  - **私的整理による清算**
    債権者が合意している場合、私的整理による清算も可能
- **法的整理**（裁判所の認可）
  - **法的な再建**
    ・民事再生手続
    ・会社更生手続
  - **法的な清算**
    ・特別清算
    ・破産

私的整理のメリット

●迅速な解決ができる
●会社の状況が公にならない

経営陣としては私的整理を望むでしょうが、
すべての債権者の同意が必要となります

One Point

私的整理の法律

特別な法律はなく、民法などを適用する場合が多い。清算する場合と再建を目指す場合がある。整理計画の成立のためには、全債権者の同意が必要

私的整理に関するガイドライン

金融機関には私的整理ガイドラインなどが用意されていることがある。そのため、裁判手続ほどではないが、ある程度の運用の方式が定められているともいえる

COLUMN

会社法で認められた合併の一種

三角合併解禁は、黒船来襲か！？

三角合併とは、会社法下で行えるようになった合併方法の一種です。国際化が進むなか、「組織再編を円滑に行いたい」との経済界の要請により、認められたものといわれています。

この方法では、存続会社が消滅会社の株主に対して、存続会社自身の株式ではなく、存続会社の親会社の株式を交付します。関係する企業が3つあることから、三角合併といわれるのです。

これは会社法で、消滅会社の株主に交付する対価を存続会社の株式ではなく金銭その他でもいいと認めた**「対価の柔軟化」**で可能になったことです。

三角合併の手続きは、通常の合併の手続きとかわりなく、株主総会の特別決議（3分の2以上の賛成）を経る必要があります。

さて、三角合併で重要な点の1つが、存続会社の親会社の国籍を規定していないことです。つまり、外国法人による日本法人の買収が容易になるということ。解禁された当時は、外国企業が大挙して日本企業を買収すると騒がれました。

しかし、三角合併で買収する場合でも、事前に日本の子会社が買収先の株式を取得して、株主総会の特別決議を経ないといけないので、必ずしも外国企業が有利というわけではありません。

ところで、一般に、子会社による親会社株式の取得は禁止されています。存続会社となる子会社が、対価として交付する親会社の株式を取得できないのでは、どうしようもないように思えます。

実は、三角合併のための対価としての取得は、例外として認められているのです。ただし、子会社が取得した株式を保有できるのは三角合併の効力発生日までとなっています。

会社法は、企業の再編を様々な手法で
後押しする法律なのです

第6章

これからの会社法

これからの会社法

やった！会社法の基本が理解できたぞ！
よくがんばりましたね ここまでをきちんと復習することも大切ですよ
はい！
ところで、先生。いままでにも見てきましたが会社法は平成26年と令和元年に改正があったんですよね
会社法が施行されたのが平成18年のことでした
それから法務省令などで、少しずつ修正してきましたが、平成26年の大改正を経て、令和元年の改正につながりました
平成26年
令和元年
改正
あれから時代も変わったし…
うん
うん
しかし、会社法の基本は変わっていません

これからも「会社」が存在する限り「会社法」も存在し続け時代に合ったように変わっていくことでしょう
いまの社会で会社がなくなることは考えにくいので会社法も必要なんですね
最後の章では、これまでの改正を復習するとともに今後、会社法がどのように変わっていくのかなどを見ていきましょう
よし、総まとめだ！
ついでに会社法での罰則もこの章で解説しますね
ぞくっ
それでは、最後の章もがんばっていきましょう！
はい！

01

常に進化していく会社法

平成26年・令和元年改正のポイント

平成26年会社法改正とは

会社法は平成26年に改正され、平成27年より施行されています。最初の会社法は、平成18年に施行されたので、約10年の時を経て、初めての大きな改正となりました。

平成26年法改正のおもなポイントのひとつは、会社の不正行為を防止する**「コーポレートガバナンス」**（➡Ｐ２０８）を強化している点でしょう。これにより、監査等委員会設置会社（➡Ｐ１０４）という新しい会社統治のできる企業形態も追加されました。

また、新株発行の規制の強化と親子関係のルールの整備も行われました。新株発行は公開会社であれば取締役会決議だけでできたものを一定の条件のもと、株主総会の決議が必要となりました。また、親子会社関係では、改正前は親会社の株主が子会社の役員などに株主代表訴訟が起こすことができなかったのですが、この改正で一定のルールのもと子会社の取締役等に対しても、株主代表訴訟ができるようになりました。

令和元年会社法改正とは

令和元年の改正では、株主総会に関する規律の見直し（➡Ｐ70、72）、取締役等に関する規律の見直し（➡Ｐ92）、社債の管理等に関する規律の見直し（➡Ｐ１４０、１７６）などが行われました。

平成26年の改正会社法附則には、政府はこの法律の施行から2年を経過後、企業統治の制度のあり方の検討とその結果に基づき社外取締役の義務付けの措置をするとあります。それに沿うかたちで、令和元年会社法改正が行われたのです。

そのほか、社債権者集会の決議による元利金の減免に関する規定を明確化するなど、従来の会社法では判断のつきにくかった条文の改正なども行っています。

平成26年・令和元年会社法改正とは

平成26年の目玉は、コーポレートガバナンスの強化と親子関係にある会社のルールについて。令和元年は、それをさらに発展、明確化しています。

会社法の改正をまとめよう

会社法は、平成26年と令和元年に大きく改正されました

■平成26年会社法改正のポイント

コーポレートガバナンスの強化	●監査等委員会設置会社の新設（➡P104） ●社外取締役等の要件の見直し ●社外取締役を置くことが相当でない理由の開示 ●会計監査人の独立性の強化
親子会社に関する規律等の整備	●多重代表訴訟制度（➡P149） ●組織再編の差止請求の拡充 ●詐害的会社分割における債権者保護 ●親会社による子会社の株式等の譲渡 ●特別支配株主による株式売渡請求（キャッシュアウト） ●内部統制システムに関する改正　など

■令和元年会社法改正のポイント

株主総会に関する規律の見直し	●株主総会資料の電子提供制度の創設（➡P70） ●株主提案権の濫用的な行使を制限するための措置の整備（➡P72）
取締役等に関する規律の見直し	●取締役の報酬に関する規律の見直し ●会社補償に関する規律の整備 ●業務執行の社外取締役への委託 ●社外取締役を置くことの義務付け（➡P92）
社債の管理等に関する規律の見直し	●社債の管理に関する規律の見直し（➡P140） ●株式交付制度の創設（➡P176）　など

2度の大きな改正で
会社法は大きく進化しました

One Point

詐害的会社分割における債権者保護

会社分割が、承継会社に承継されない債務の債権者を害することを知りながら行われた場合、債権者は承継会社に債務の履行を請求できる（法759条4項、761条4項）

Memo

キャッシュアウト

会社法では、現金を対価として少数株主を強制的に会社から排除することをいう。議決権の10分の9以上を持つ株主が、その会社の株主全員に請求できる（法179条1項）

02

人ごとではないコンプライアンス

会社規模によらず、コンプライアンスの意識がないととんでもないことに

会社も社会の一員という意識

会社ぐるみの食品の偽装や社員の不祥事など、現代の企業経営にとって会社の危機は様々なことがらから発生します。**「コンプライアンス」**とは、「会社も社会的な存在である以上、社会のルールに従う」という**「法令遵守」**の考えです。

日本で広まったのは比較的最近で、21世紀になってから、重視の流れに変わってきました。これは、経済の国際化、自由化が大きく進んだことにも関係しています。経営に透明性がないと、国際的に信用を得ることができなくなってきたのです。

さて、コンプライアンスには2つの意義があるとされます。1つ目は粉飾決算などを行わない**「法的リスクの回避」**です。

もう1つが、企業や従業員の行為で社会的な批判を受けないようにする**「社会信用リスクの回避」**と呼ばれるものです。

多岐にわたるコンプライアンス

会社法では、取締役や株主総会の義務や、会社の原則を定め、コンプライアンスを重視しています。しかし、コンプライアンスに関連する法令は、会社法に限ったものではありません。

憲法の基本的人権や勤労の権利・義務もコンプライアンスの対象となります。そのほかにも、法人税法、労働基準法、独占禁止法、不正競争防止法など、遵守すべき法律はたくさんあります。

また、すべての業種や業界に共通した法令に加えて、業種別に守らなくてはいけないものも大切です。例えば、食品業界では食品安全基本法や食品衛生法、医療業界では医師法や薬事法、不動産業界では宅建業法、建築基準法などです。

コンプライアンスは、経営のトップが重要性を認識して、その考えを会社全体に行き渡らせることが重要です。

ポイント

社会の一員であるからこそ法を遵守

会社も社会に存在する以上、法令を守らなければいけません。その考え方がコンプライアンスで、特に最近ではその重要性が指摘されています

コンプライアンスが欠けるとたいへんなことに！

会社はいろいろな危機にさらされているんだ

コンプライアンスのリスクと関連法令

コンプライアンス
||
「会社も社会のルール（法律など）を守ろう」という考え方

贈収賄・談合

不公正な取引…
・不正競争防止法など

パワハラ・セクハラ

従業員の不適切な扱い
・労働基準法
・男女雇用機会均等法など

会社

粉飾決算

会計をごまかす
・会社法　・刑法　・民法
・金融商品取引法など

情報漏えい・偽装行為

消費者をないがしろにする
・消費者保護法
・個人情報保護法など

コンプライアンスは、法令遵守はもちろん、倫理や社会への貢献にも関連する

コンプライアンスの意識が低いと企業の存続が危うくなりますね

Break Time

CSR（企業の社会的責任）とは

近年では、コンプライアンスとともに、倫理に基づいた行動とCSR（corporate social responsibility：企業の社会的責任）も求められている。CSRは、企業が関わる従業員や顧客、取引先、株主、消費者、地域社会などと良好な関係を保ちながら、事業を続けること。このような利害関係者は、企業によって違うので、個別の対応を練る必要がある

03

企業統治の必要性

会社もきちんと統制・監視しないと批判の的になる

平成26年改正の目玉

204ページでも述べましたが、コーポレートガバナンスの強化は、平成26年会社法改正の大きな柱の1つです。コーポレートガバナンスは、会社の統治システム、つまり会社がきちんと経営されているか**「統制・監視」**する仕組みのことです。

さて、ここで統制・監視するのは誰なのか考えてみましょう。つい最近まで日本の会社は閉鎖的で、経営陣の一存によってその経営方針は決定されてきたといっても過言ではありません。しかし、一部の経営者が不正行為を働いたり、透明性の低さが国際化の妨げとなったりしていました。

コーポレートガバナンスは、会社がなんのために機能しているかを見直し、株主をはじめ取引先、従業員などすべての**「利害関係者」（＝ステークホルダー）**が、会社が違法行為をしないかをチェックできる仕組みを構築することなのです。

説明責任の重要性

コーポレートガバナンスでは、会社を経営する取締役等に対し、ステークホルダーへの**「説明責任」（＝アカウンタビリティ）**を求めています。アカウンタビリティとはもともと会計用語で、企業が出資提供者の株主に対して経営状態を説明することをいいました。昨今では、医療現場でのインフォームドコンセントなど、様々な場面でこのアカウンタビリティが求められています。

企業の責任者がアカウンタビリティをまっとうできるということは、違法行為をしていないという証明にもなるでしょう。

また、インターネットの普及も手伝って、違法行為を放置する会社への批判が高まっています。ステークホルダーはもちろん、社会的に納得できる統制・監視をしていないと、会社の経営を維持できない時代となっています。

すべての利害関係者のために

コーポレートガバナンスの確立は株主をはじめ、債権者、そして従業員まで、すべてを対象としたものです。経営陣は常に気にかけて、経営をする必要があります

ポイント

求められるコーポレートガバナンスの強化

経営者をきちんと監視するのね

●コーポレートガバナンスと内部統制の関係

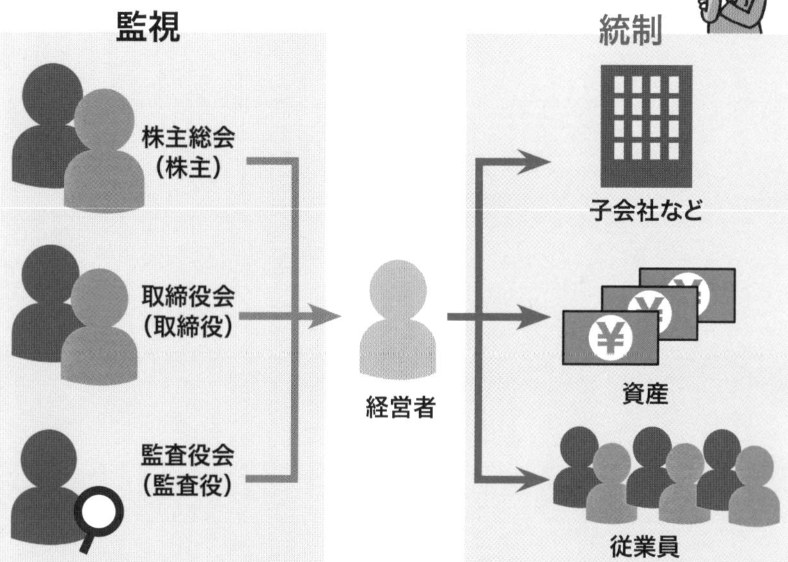

コーポレートガバナンス

株主や取締役等が経営者を監視。企業内の業務が適切でなければ経営は成り立たない

内部統制

(内部統制→P210)

コーポレートガバナンスを実現するには、
内部統制システム(➡P210)が欠かせないのです

One Point

上場企業のコーポレートガバナンス

開示内容の充実を図るため、企業内容等の開示に関する内閣府令が平成22年・令和元年に改正された。これにより、上場会社はさらに詳細な情報の開示が求められている

Memo

アカウンタビリティ

説明責任と訳されるが、日本語のニュアンスよりも意味は強く、説明するだけでなく相手に納得してもらえるまでをいう。場合によっては、将来の展望も説明が必要

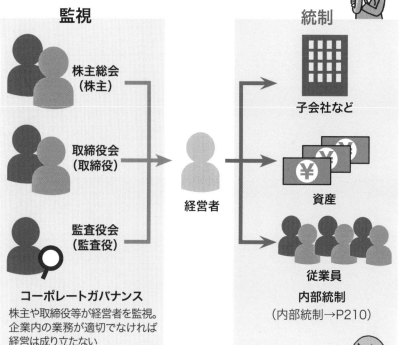

04

大会社は内部統制システムが必須

資本金5億円以上の大会社は内部統制システムが必要

会社法で義務付けられた制度

会社法では、資本金5億円以上または負債200億円以上の大会社は**「内部統制システム」**を構築しなければならないと定めています。

内部統制システムとは、取締役等の職務執行が適法に行われ、その企業や企業グループの業務も適正であるようにする仕組み（「業務適正確保」）のことです。企業グループ（企業集団）の業務適正確保は、平成26年会社法改正で規定されたものです。なお、内部統制システムの具体的な内容は、会社法の下位法令である**「会社法施行規則」**で定められています。

さて、内部統制システムが目指すのは、前セクションまでで述べた、コンプライアンス体制とコーポレートガバナンスの確立です。加えて、貸借対照表や損益計算書などの財務報告書類の信頼性の確保も求めています。

日本版SOX法も義務化

「日本版SOX法」と呼ばれる**「金融商品取引法」**では、上場企業に多くの義務を課しています。

SOX法とは、平成14（2002）年に成立したアメリカのサーベンス・オクスリー法のことで、投資家の保護のために計算書類のプロセスの厳格化と規制を目的としたものです。また、金融商品取引法は、証券市場で株式など、有価証券の売買などを規定した法律です。

上場企業は、会社法に基づいた計算書類などを含んだ有価証券報告書の提出の際に、記載した内容が真実であるという報告書（**「内部統制報告書」**）を総理大臣宛に提出しなければなりません。この報告書には、公認会計士または監査法人の監査証明が必要です。この内部統制報告書を作成するためには、厳格な社内システムが整備されていることが必要なのです。

会社自身で律する内部統制システム

内部統制システムは一部の企業に求められてるものです。しかし、その思想は会社経営の根幹となるものですので、すべての企業が意識したいものです

内部統制の目的と基本要素とは

内部統制システムが目指すのは、コーポレートガバナンスとコンプライアンス体制の確立。それを達成するために「4つの目的」と「6つの基本要素」を示している

4つの目的

業務の有効性および効率性

事業目的の達成のため、効率よく効果的に業務を遂行する

財務報告の信頼性

あらゆる活動に内部統制をして、計算書類などの信頼性を確保する

事業活動の法令遵守

法令遵守のため、研修や教育をし、その環境も整える

資産の保全

会社の有形・無形の資産を正しい手続きで管理する

6つの基本要素

統制環境

人事・職務制度などの基盤整備

リスクの評価と対応

リスクを識別・分類して対応

統制活動

命令や指示を適切に実行

情報と伝達

情報を正しく伝え、理解させる

モニタリング

有効に機能するよう監視・評価・是正

ITへの対応

ITを適切に利用する

会社法上の大会社は
内部統制システムの構築が義務です

One Point

会社法施行規則が求める「内部統制システム」

具体的なシステムは会社法施行規則で定められており、①取締役等の業務執行情報の保存管理体制、②損失の危険の管理の規定とその体制、③取締役が職務を適切に行うための体制、④従業員の職務の執行が法令と定款に適合する体制、⑤企業グループの業務を適正にする体制——など9項目がある（規則100条ほか）

05 会社法と金融商品取引法の関係

上場企業には会社法とともに金融商品取引法の遵守義務が生じる

上場企業は2つの法律を遵守する

「金融商品取引法」は会社法の施行とほぼ同時期、平成19年に施行された法律で、もともとあった**「証券取引法」**を時代に合うように改題・改正したものです。

会社法がすべての会社を対象にしているのに対し、金融商品取引法は上場会社等を対象としています。金融商品取引法は、証券市場でのルールを定めているものなので、大企業であっても非上場、または上場廃止をすれば、原則としてその対象ではなくなります。

金融商品取引法と会社法の共通する部分は、企業の会計に関する部分です。2つの法律とも会計について規定していますが、会社法が株主と債権者の保護が主要な目的なのに対し、金融商品取引法では株式を売買する投資家などの保護を目的としています。

会社法と金融商品取引法の違い

2つの法律は制度の趣旨・目的が違っているため、内部統制や情報開示など、同じような項目でも異なった規定がされています。

例えば、作成しなくてはいけない計算書類にも違いがあります（金融商品取引法では、計算書類を財務諸表と呼びます）。金融商品取引法では会社法が求める4つの書類に加え、会社のキャッシュの動きを示すキャッシュフロー計算書などが必要です。

また、会社法は内部統制報告書が必要ないのに対し、金融商品取引法では監査証明がされた内部統制報告書の提出が義務付けられています。

上場会社では会社法と金融商品取引法が重複して適用されます。そのため、金融商品取引法が定める計算書類である有価証券報告書を提出した会社は、会社法で定める決算報告は不要となるなど、整合性が保たれています。

ポイント

金融商品取引法も知っておきたい

会社法がすべての会社に適用されるのに対して、金融商品取引法はかなり狭い範囲にとどまります。しかし、その違いを理解するのは、会社法理解のためにも重要です

会社法と金融商品取引法の違い

	会社法	金融商品取引法
対象	すべての会社	金融商品市場に上場している株式会社等
おもな目的	債権者保護と株主との利害調整	投資家保護と投資情報の提供
会計書類（単独）	計算書類等 ・貸借対照表 ・損益計算書 ・株主資本等変動計算書 ・注記表	財務諸表 ・貸借対照表 ・損益計算書 ・キャッシュフロー計算書 ・株主資本等変動計算書 ・注記表
会計処理	会社計算規則による	財務諸表等規則による
会計監査	会計監査人設置会社は会計監査人、それ以外は監査役	公認会計士、監査法人
開示制度	株主への送付やインターネット開示	目論見書、有価証券報告書、EDINET
自己株式の取得	株主総会決議が原則	開示規制、不公正取引禁止規制あり
内部統制システム	取締役会設置会社の大会社に構築義務があり、「事業報告」に記載	「内部統制報告書」と「内部統制 監査報告書」の開示

上場企業では、会社法に加えて
金融商品取引法の規制も加わるのね

Memo

特別法

適用対象がより特定されている法のこと。会社法は民法の特別法、金融商品取引法は会社法の特別法にあたる。一般法と特別法で異なった規律を定めている場合、特別法の適用を受ける

キャッシュフロー計算書

一会計期間のキャッシュ（現金・現金同等物）の収支（＝キャッシュフロー）を報告するもの。営業活動、投資活動、財務活動ごとに区分して表示する

06 会社法の罰則を知っておこう

会社法は利害関係者の保護のため、罰則を規定している

会社法の罰則規定とは

会社法では、法令の最後の部分である第960条から第979条で**「罰則」**について定めています。

会社法の罰則は、会社のステークホルダーが不測の損害を被らないようにするのが目的です。その内容は、取締役等の民事責任の強化に加えて、一定の場合には刑事制裁を加えるというものです。なかでも中核を占めるのが組織に損害を与えたものに科される**「特別背任罪」**です。

背任罪は刑法に規定された犯罪の1つですが、組織の経営に重要な役割をする者が背任をした場合、通常よりも責任が重いということで刑法の背任罪とは別に会社法で規定されているものです。

刑法上の背任罪は、5年以下の懲役または50万円以下の罰金であるのに対し、特別背任罪は10年以下の懲役または1000万円以下の罰金で、非常に重い刑罰が科されることになります。なお、特別背任罪の対象は、会社の取締役や支配人などに限定されています。

そのほかの罰則

会社法では、**「利益供与の禁止」**も規定されています。これは、特定の株主に対して金品を渡すことで、株主平等の原則に反するとともに、総会屋（➡P76）を野放しにしてしまうため禁止されているのです。

もちろん、粉飾決算をしたり、違法配当をしても罰せられます。粉飾などに直接関与していなくても、取締役であれば相互の監視義務を怠っているものとされて、責任を追及される場合があります。そんな責任追及のリスクに備えるため、定款に責任を限定的にすると定めることもでき、また最近では役員に責任追及の保険をかけることもあります。

このように会社法の罰則規定は、多岐にわたっていますが、対象は取締役等に限っています。

会社法の特別背任罪は重罪

経営陣の会社や利害関係者に対する不正には、重い処罰が用意されています。なお、会社法の罰則は、経営陣など、影響力の強い者を対象にしています

会社法の罰則を知っておこう

対象は取締役等で、従業員ではないんですね

●会社法上のおもな罰則

特別背任罪 （10年以下の懲役または1000万円以下の罰金）	取締役等、一定の権限を持つものが自己や第三者の利益のため、会社に損害を与えたことで罰せられる。例えば、銀行の不正融資などがこれにあたる
会社の財産を危うくする罪 （5年以下の懲役または500万円以下の罰金）	特別背任罪が会社財産に損害を与えるのに対し、会社の財務基盤を危うくすることで、株主や債権者の利益を損なう行為。例えば、粉飾決算からの違法配当など
虚偽文書行使等の罪 （5年以下の懲役または500万円以下の罰金）	株式などの募集時に虚偽の説明などをした場合に罰せられる
株式の超過発行の罪 （5年以下の懲役または500万円以下の罰金）	発行可能株式数を超えて株式を発行した場合に罰せられる
株主の権利の行使に関する特別供与の罪 （3年以下の懲役または300万円以下の罰金）	総会屋などに金銭を供与した場合などに罰せられる

健全な会社経営をしていれば
罰則を怖れることはありませんね

Memo

民事責任

会社法は、一般の不法行為責任や債務不履行責任と比べて、取締役等の民事責任を強化している。これは株式会社の多数の利害関係者が不測の被害を受けないため

One Point

利益供与の禁止

総会屋に対処するために昭和56年の商法改正にはじまり、罰則の強化が続いてきた。威迫を伴う特別供与の罪はさらに重く、5年以下の懲役または500万円以下の罰金（法970条4項）

07 これからの会社法

改正を重ねる会社法だが、これからも世情に合わせ改正されていく

会社の統治を欧米並みに進化させる

平成26年の改正の会社法附則で今後、社外取締役（➡P92）設置の義務付けるとし、令和元年の改正で上場企業等にこれを実現しました。また、コーポレートガバナンス（➡P２０８）の強化について、これまでのおもに上場企業に求めていたものを中小企業にまで広げるとしていました。

その結果、コーポレートガバナンス改革の議論が急速に進み、これを受けて平成29年には法務大臣が法制審議会に会社法改正を諮問。令和元年の会社法改正につながり、国会で可決・成立したのです。

コーポレートガバナンス強化は、これまで政府や東証などが取り組んできた整備の延長線上にあるもので、改正による影響は限定的です。しかし、欧米のグローバル基準にも合致するよう、その先を考えた企業経営の高度化が求められます。

これからも進化する会社法

平成17年に成立した会社法は、平成26年の大きな改正を経て、令和元年の改正で平成26年に求められたことを実現させました。しかし、会社法はさらに進化を続けて、日本の重要な法律となっていくことは確実です。

会社を取り巻く環境は、昨今の働き方改革やSDGs（Sustainable Development Goals：持続可能な開発目標）などで大きく変わりつつあります。

それに加えて、ＩＴへの対応が遅れがちな日本の状況を打破していくことも重要でしょう。会社法制は全世界共通で、日本の会社法も常に点検・改正を重ね、世界の会社法に遅れをとらないようにしていかなくてはなりません。

ＩＴやコーポレートガバナンス、企業に求められる状況に合わせて進化する会社法は、今後も目が離せません。

これからも会社法は進化し続けます

会社法は平成17年に制定され、平成26年・令和元年に改正されました。会社を取り巻く環境は日々変化しているので、それに合わせて改正されていくことでしょう

これからの会社法を考えてみよう！

これからも会社法は、日々進化していくんですね

平成26年改正会社法

↓ 附則で改正を示唆

令和元年改正会社法

↓ 今後は…

●さらなるコーポレートガバナンスの強化

上場企業だけでなく、中小企業にも「企業理念の明確化」や「法令遵守の重視・徹底」が当然のことになってきた

●ＩＴや社会の変化に対応した進化？

急速に発達するＩＴ技術や企業に対する社会情勢の変化にも迅速に対応し、常に社会に合った法律に変化していく

社会の変化にも迅速に対応していくんですね！

会社の基本である会社法は、
今後も重要であることは変わらないでしょう

Break Time 世界の会社法

自由主義経済で会社が存在する国であれば、原則として「会社法」がある。19世紀のはじめにはフランスが、そして19世紀末には、世界の主要国で会社法が完成。日本の商法も19世紀末に制定されている。会社制度共通の特徴は、法人格を持っていること。経営と資本の完全な分離ができるようになっているのも世界共通

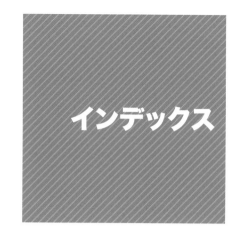

インデックス

さ行

た行

な行

は行

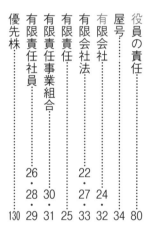

●監修者：神田秀樹（かんだ・ひでき）

1953年東京都出身、1977年東京大学法学部卒業。現在、東京大学名誉教授、学習院大学法科大学院教授。専門は商法、会社法、金融法、法と経済学。著書に『会社法入門』（岩波書店）、『会社法』（弘文堂）、『金融商品取引法概説』（有斐閣、共編著）などがある。

●編集協力：株式会社アーク・コミュニケーションズ

●執筆：綱川揚佐、岸並 徹、中野俊児

●デザイン：有限会社エルグ

●イラスト：ふじいまさこ

●編集担当：柳沢裕子（ナツメ出版企画株式会社）

ここだけ押さえる！
会社法のきほん 第2版

2021年1月4日　初版発行
2024年6月1日　第7刷発行

監修者　神田秀樹
発行者　田村正隆

Kanda Hideki, 2021

発行所　株式会社ナツメ社
東京都千代田区神田神保町1-52　ナツメ社ビル1F（〒101-0051）
電話　03（3291）1257（代表）　FAX　03（3291）5761
振替　00130-1-58661

制　作　ナツメ出版企画株式会社
東京都千代田区神田神保町1-52　ナツメ社ビル3F（〒101-0051）
電話　03（3295）3921（代表）

印刷所　ラン印刷社

ISBN978-4-8163-6927-8　Printed in Japan